Preparados, listos...,

¡Espaguetis!

cocinando con niños y para niños

Preparados, listos...,

¡Espaguetis!

cocinando con niños y para niños

EDIMAT
LIBROS

Lucy Broadhurst

Contenido

Leer antes...

Cocinar es muy divertido pero antes de correr hacia la cocina es mejor dedicar un poco de tiempo a organizarlo todo. No hay demasiadas normas para cocinar pero hay una regla de oro: hay que LEER TODA LA RECETA antes de empezar. Es fácil imaginar lo molesto que sería preparar algo, llegar al paso 4 de la receta y tener que sobornar a un hermano pequeño para que vaya a la tienda a buscar el ingrediente que falta. Para evitar eso, es necesario leer toda la receta y sacar todos los ingredientes e utensilios que vayamos a necesitar.

Antes de empezar debemos picar y cortar en tiras todos los ingredientes. También es conveniente abrir las latas y lavar las verduras y frutas que vayamos a usar. Debemos untar con aceite o mantequilla o revestir los moldes que utilicemos para hornear.

Cuando llevemos un tiempo cocinando seremos capaces de calcular las cantidades con bastante precisión, pero hasta entonces hay que medir con cuidado, sobre todo

cuando vayamos a preparar algo en el horno. Hay diferentes escalas para medir, el sistema métrico, el sistema imperial británico y la medición por tazas, de modo que se adapten a cualquier cocina. La medida de una taza es la medida estándar de 250 ml (9 onzas líquidas). Para medir con la cuchara hay que llenarla sin colmarla (a menos que la receta lo especifique).

Si vamos a utilizar el horno, tendremos que colocar las bandejas a la altura correcta antes de encenderlo. Debemos precalentar el horno antes de meter aquello que queremos cocinar. Normalmente el horno tiene una luz para avisarnos cuándo alcanza la temperatura adecuada. Si metemos algo en el horno y luego lo calentamos, la comida se secará y no se cocinará en el momento que marca la receta. Si tenemos un horno de convección, la temperatura será algo superior a la de un horno normal. La temperatura que aparece en las recetas es para los hornos normales. Pero si tenemos un horno de convección forzada no es necesario que lo precalentemos, pero sí debemos recordar que es necesario reducir la temperatura del horno unos 10° C (18° F) de la temperatura que se especifica en la receta.

Todas las recetas vienen acompañadas con fotografías para que podamos ver el aspecto que tendrá el plato. No hay que preocuparse demasiado si no tiene exactamente el mismo aspecto, es el sabor lo que cuenta, no la presentación. Algunas de las recetas también incluyen fotografías de cada uno de los pasos, para que podamos comprobar las técnicas más complicadas mientras cocinamos.

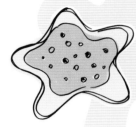

Nutrición

Antes de empezar a cocinar, es una buena idea saber qué efecto produce cada alimento en el organismo. Hay cinco grupos diferentes de alimentos: proteínas, hidratos de carbono, fibras, grasas, vitaminas y minerales. Cada uno de estos grupos desempeña funciones distintas. Las proteínas, que se encuentran en la carne, en el pescado, en los productos lácteos (queso, leche y huevos), en las legumbres, en los frutos secos y en las nueces, nos ayudarán a desarrollar los músculos y a crecer. Las proteínas también tardan más en digerirse, nos darán la sensación de estar llenos y evitará que nos pongamos a picotear entre horas, por eso es buena idea incluir alguna proteína en el desayuno. Los hidratos de carbono, como el pan, las patatas, el arroz y la pasta nos aportan energía. La fibra hace que nuestro interior funcione correctamente. Las grasas, en pequeñas cantidades, son un nutriente importante, sobre todo mientras el cuerpo está creciendo. Las grasas del pescado azul, de los frutos secos, como las nueces, de las semillas, del aguacate y del aceite de oliva son el mejor tipo de grasas que podemos incluir regularmente en nuestra dieta. Comer las cantidades adecuadas de cada grupo de alimentos nos permitirá sentirnos sanos y bien, con suficiente energía y ayudará al cuerpo a mantenerse en el peso correcto, además, a los niños les ayudará en el crecimiento y permitirá que se desarrollen de manera adecuada. Comer sano es cuestión de mantener una dieta equilibrada. Si hacemos tres comidas al día y consumimos los nutrientes necesarios a través de la fruta, verduras y otros alimentos todos los días, podremos disfrutar de la comida en las fiestas de cumpleaños de nuestros amigos.

Higiene y seguridad

1 Siempre hay que pedir permiso a un adulto antes de empezar a cocinar. Siempre pediremos ayuda si no estamos seguros de si podremos picar algo o si podremos coger las cazuelas calientes. Un adulto siempre deberá estar presente si en la receta hay que freír en abundante aceite.

2 Antes de empezar, hay que lavarse bien las manos con agua y jabón, recogerse el cabello y usar un delantal para proteger la ropa.

3 Cuando se utilizan los fogones y se coloca la cazuela encima de la zona de cocción, es mejor colocar las asas hacia los lados para que no haya peligro de que se caiga al pasar cerca de ésta. Cuando removamos su contenido, debemos sujetar el asa de la cazuela con firmeza. Al sacar algo del horno, siempre debemos utilizar manoplas que sean gruesas y estén secas.

4 Es necesario tener cuidado al cocinar pollo, puesto que puede contener la bacteria salmonella. Hay que guardarlo en la nevera durante un periodo máximo de 2 días o bien congelarlo hasta un máximo de 6 meses. Una vez que hemos descongelado el pollo no podemos volver a congelarlo a menos que lo cocinemos antes. Después de picar pollo crudo hay que lavar la tabla de cortar y el cuchillo antes de preparar otros ingredientes que no vayamos a cocinar, como por ejemplo los ingredientes de la ensalada.

5 Es mejor limpiar los utensilios a medida que vamos cocinando. Esto nos ahorrará pasar horas limpiando al final y mantendrá el espacio de trabajo limpio y libre de estorbos.

tentempiés

cuscús de frutas del bosque

DE 4 A 6 PERSONAS

185 g (6½ oz / 1 taza) de cuscús instantáneo

500 ml (17 onzas líquidas / 2 tazas) de zumo de manzana y arándano

1 rama de canela

250 g (9 oz / 2 tazas) de frambuesas

2 cucharaditas de corteza de naranja rallada

250 g (9 oz / 1⅔ tazas) de fresas cortadas por la mitad

185 g (6½ oz / ¾ de taza) de yogur natural

1 Poner el cuscús en un cuenco. Verter el zumo en un cazo y añadir la canela. Tapar y hervir. Luego verter sobre el cuscús.

2 Cubrir con *film* transparente y dejar reposar durante unos 5 min o hasta que el líquido haya desaparecido. Retirar la rama de canela del cuenco.

3 Secar las frutas del bosque, descongeladas anteriormente, con cuidado con papel de cocina. Remover los granos de cuscús con un tenedor y mezclar con la naranja rallada y una gran parte de las frutas del bosque.

4 Servir con una cuchara en cuatro cuencos pequeños y decorar con el resto de los trozos de fruta. Servir con un poco de yogur por encima.

torrijas

2 huevos

250 ml (9 onzas líquidas / 1 taza) de leche

½ cucharadita de extracto de vainilla

40 g (1½ oz) de mantequilla

4 rebanadas gruesas de pan
(del día anterior)

Canela en polvo y azúcar molida para servir

1 Echar los huevos en un plato llano grande y añadir la leche y el extracto de vainilla. Batir los huevos hasta que queden bien mezclados.

2 Derretir la mitad de la mantequilla en una sartén. Cuando la mantequilla empiece a burbujear, rebozar una rebanada de pan en el huevo, escurrir y colocar en la sartén.

3 Dejar en la sartén 1 o 2 min y cuando la parte inferior adquiera un tono dorado girar la rebanada para que se haga por el otro lado.

4 Colocar la torrija en un plato, que se cubrirá con *film* transparente para conservar el calor mientras se preparan las otras rebanadas. Añadir más mantequilla a medida que sea necesario y cocinar el resto del pan. Espolvorear canela en polvo y azúcar molida antes de servir.

magdalenas de jamón y maíz

24 UNIDADES

125 g (4½ oz / 1 taza) de harina

40 g (1½ oz) de jamón cortado

60 g (2¼ oz / ⅓ taza) de granos de maíz de lata escurridos

¼ de pimiento rojo, sin semillas y cortado en pequeños trozos

2 cucharaditas de hojas de perejil cortado

60 g (2¼ oz) de mantequilla sin sal, derretida

125 ml (4 onzas líquidas / ½ taza) de leche

1 huevo

1 cucharada de semillas de sésamo

1 Precalentar el horno a 210° C (415° F / gas 6 - 7). Untar con aceite unos 24 moldes pequeños con forma de mini magdalenas. Tamizar la harina en un cuenco grande. Añadir el jamón, el maíz, el pimiento y el perejil y remover para mezclarlo todo.

2 Mezclar en un cuenco la mantequilla derretida con la leche y el huevo. Hacer un agujero en el centro de la mezcla de harina y añadir la leche con huevo y mantequilla. Mezclar un poco la masa hasta que se combinen todos los ingredientes.

3 Verter la mezcla en los moldes con una cuchara y espolvorear por encima las semillas de sésamo. Hornear durante 15 o 20 min o hasta que las magdalenas adquieran un tono dorado.

magdalenas de frutas de bosque

16 UNIDADES

250 g (9 oz / 1 taza) de yogur natural

100 g (3½ oz / 1 taza) de copos de avena (gachas)

3 cucharadas de aceite

80 g (2¾ oz / ⅓ taza) de azúcar extrafino

1 huevo

125 g (4½ oz / 1 taza) de harina con levadura tamizada

3 cucharaditas de levadura en polvo

200 g (7 oz / 1⅓ tazas) de frutas del bosque variadas, descongeladas

1 Precalentar el horno a 180° C (350° F / gas 4). Colocar moldes de papel dentro de los 16 moldes con forma de mini magdalenas. Mezclar en un cuenco el yogur con los copos de avena, el azúcar extrafino y el huevo. Mientras se remueve con cuidado añadir la harina tamizada y la levadura en polvo, junto con las frutas del bosque.

2 Servir la mezcla en los moldes con una cuchara. Hornear durante 20 o 25 min o hasta que las magdalenas adquieran un tono dorado.

tortitas de arándanos

12 UNIDADES

250 g (9 oz / 2 tazas) de harina

2 cucharaditas de levadura en polvo

1 cucharadita de bicarbonato sódico

75 g (2$^{1/2}$ oz / $^{1/3}$ taza) de azúcar

2 huevos

80 g (2$^{3/4}$ oz) de mantequilla
sin sal, derretida

310 ml (10$^{3/4}$ onzas líquidas / 1$^{1/4}$ tazas)
de leche

310 g (11 oz / 2 tazas) de arándanos,
frescos o congelados

Miel y yogur natural para servir (opcional)

1 Tamizar la harina, la levadura en polvo y el bicarbonato en un cuenco grande. Luego añadir el azúcar y hacer un agujero en el centro. Agregar los huevos, la mantequilla derretida y la leche a los ingredientes secos, y remover hasta que quede todo mezclado (añadir más leche si se prefiere una masa más fina).

2 Colocar con cuidado los arándanos en la masa (hay que dejar algunos para adornar después). Calentar una sartén untada con la mantequilla derretida o con aceite con un pincel. Con una cuchara verter la masa en la sartén y calentar a fuego lento hasta que aparezcan burbujas en la superficie.

3 Dar la vuelta a las tortitas para que se hagan por los dos lados (puede resultar difícil girar estas tortitas, así que es mejor tener cuidado al darles la vuelta). Pasar a un plato y cubrir con un paño para mantenerlas calientes mientras se cocina el resto de la masa. Servir calientes con algunos arándanos, o con miel y yogur natural, si se prefiere.

huevos revueltos

2 PERSONAS

4 huevos

3 cucharadas de leche

15 g (½ oz) de mantequilla

Tostadas o panecillos, para servir

1 Batir con un tenedor los huevos con la leche.

2 Derretir la mantequilla en una sartén a fuego lento y luego añadir los huevos. Remover constantemente con una cuchara de madera, moviendo la mezcla del fondo de la sartén para que se cocine uniformemente. Los huevos estarán listos cuando cuajen y formen una crema espesa.

3 Retirar la sartén del fuego y servir inmediatamente sobre una tostada o un panecillo.

hummus (paté de garbanzos)

4 PERSONAS

220 g (7³/₄ oz / 1 taza) de garbanzos secos

4 cucharadas de aceite de oliva, y un poco más para salpicar el plato terminado

3 o 4 cucharadas de zumo de limón

2 dientes de ajo picados

2 cucharadas de *tahini* (pasta de semillas de sésamo)

1 cucharada de comino en polvo

Galletas *cracker* para servir

1 Dejar los garbanzos en remojo durante 8 horas o la noche anterior. Luego escurrir en un colador. Poner los garbanzos en una olla con agua fría. Dejar que hiervan y luego cocinar durante 50 o 60 min. Escurrir en un colador y guardar una taza del agua de la olla.

2 Poner los garbanzos en un robot de cocina con el aceite, el zumo de limón, el ajo, la pasta de sésamo y el comino. Mezclar bien hasta que el resultado sea una pasta espesa y cremosa. Con el robot en marcha, añadir poco a poco la taza de agua hasta que la mezcla sea tan espesa o tan ligera al gusto de cada uno. Pasar la mezcla a un cuenco y salpicar con aceite de oliva. Servir con galletas *cracker*, verduras crudas o cocidas o untar en un sándwich.

tzatziki (salsa de pepino y yogur)

12 PERSONAS

2 pepinos pequeños

410 g (14¹/₂ oz / 1²/₃ tazas) de yogur natural desnatado

4 dientes de ajo picados

3 cucharadas de menta picada muy fina

1 cucharada de zumo de limón

Verduras crudas para servir

1 Cortar los pepinos por la mitad y a lo largo, y sacar las semillas. Dejar la piel, rallar los pepinos y luego pasarlos por un colador. Echar un poquito de sal y dejar reposar en un cuenco grande durante unos 15 min para que se eliminen todos los jugos amargos.

2 En un cuenco remover el yogur con el ajo, la menta y el zumo de limón.

3 Escurrir los pepinos después de lavarlos con agua fría y con las manos eliminar cualquier exceso de humedad. Mezclar los pepinos rallados con el yogur. Servir con verduras crudas.

dhal

DE 4 A 6 PERSONAS

310 g (11 oz / 1¼ tazas) de lentejas rojas

30 g (1 oz) de mantequilla sin sal

1 cebolla, picada muy fina

2 dientes de ajo picados

1 cucharadita de jengibre fresco rallado

1 cucharadita de cúrcuma en polvo

1 cucharadita de *garam* masala

Pan árabe o pan de pita para servir

1 Poner las lentejas en un cuenco grande con agua. Retirar cualquier partícula que flote y escurrirlas.

2 Calentar la mantequilla en un cazo. Freír la cebolla durante unos 3 min o hasta que se ablande. Añadir el ajo, el jengibre y las especias. Cocinar e ir removiendo durante 1 min.

3 Añadir las lentejas y 500 ml (17 onzas líquidas / 2 tazas) de agua y dejar que hierva. Bajar el fuego y cocer a fuego lento, removiendo cada cierto tiempo, durante 15 min o hasta que se haya absorbido el agua.

4 Pasar a un cuenco y servir caliente con pan de pita.

guacamole

DE 4 A 6 PERSONAS

2 aguacates

½ cebolla roja pequeña picada

1 tomate cortado en trozos pequeños

1 cucharada de zumo de limón

3 cucharadas de crema agria (nata ácida)

1 Cortar los aguacates por la mitad y quitar los huesos.

2 Pelar los aguacates y colocarlos en un cuenco. Con un tenedor machacarlos hasta que quede una pasta sin grumos.

3 Añadir la cebolla, el tomate, el zumo de limón y la crema agria. Remover para mezclarlo todo. Servir como salsa de acompañamiento con pan de pita, tortitas de maíz o nachos.

nachos

DE 6 A 8 PERSONAS

440 g (15½ oz) de alubias rojas de lata

3 cucharadas de aceite

1 cebolla grande, pelada y picada

2 dientes de ajo picados

2 tomates grandes y maduros,
cortados en rodajas

125 g (4½ oz / ½ taza) de salsa de tomate

Salsa tabasco, para dar sabor

750 g (1,10 lb) de tortitas de maíz

310 g (11 oz / 2½ tazas) de
queso *cheddar* rallado

Guacamole y crema agria
(nata ácida) para servir

1 Precalentar el horno a 180° C (350° F / gas 4). Lavar las alubias rojas, colarlas y escurrirlas. Luego hacerlas puré con un tenedor.

2 Calentar el aceite en una sartén a fuego medio y cocinar la cebolla y el ajo hasta que se ablanden.

3 Añadir los tomates, la salsa de tomate y el puré de alubias rojas, y cocinar hasta que los tomates se ablanden. Añadir salsa tabasco para darle sabor.

4 Colocar la mitad de las tortitas de maíz en un plato llano que se pueda meter en el horno. Servir encima la mitad de la mezcla hecha con las alubias rojas y 125 g (4 ½ oz / 1 taza) de queso *cheddar* rallado.

5 Repetir la misma acción con los ingredientes restantes para hacer una segunda capa. Hornear durante 10 o 15 min o hasta que el queso se funda y los nachos estén calientes. Servir los nachos con el guacamole (ver página 21) y la crema agria por encima.

muslos de pollo a la miel

4 PERSONAS

2 cucharadas de miel

2 cucharadas de salsa de chile dulce

2 cucharadas de salsa de tomate (*kétchup*)

2 cucharadas de salsa de soja oscura

2 cucharadas de salsa de soja clara

1,5 kg (3,5 lb) de muslos de pollo sin piel

2 cucharadas de semillas de sésamo

1 Poner la miel, la salsa de chile, la salsa de tomate y las salsas de soja en un plato grande no metálico y remover todo hasta que quede mezclado. Con un cuchillo realizar de 2 a 3 cortes en cada muslo de pollo.

2 Marinar los muslos de pollo en la salsa que se ha preparado. Cubrir y poner en la nevera durante al menos 2 horas o toda la noche. Hay que darle la vuelta al pollo unas 2 o 3 veces.

3 Precalentar el horno a 180° C (350° F / gas 4). Cubrir una bandeja larga con papel para el horno. Espolvorear las semillas de sésamo por encima del pollo y luego colocar los muslos en la bandeja del horno.

4 Asar en el horno durante 45 min hasta que el pollo esté hecho y dorado. Darle la vuelta a los muslos y untar 2 o 3 veces más salsa con una brocha o un pincel. Se sirven tanto calientes como fríos.

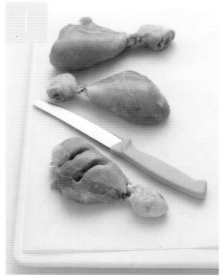

rollitos de primavera frescos

8 UNIDADES

½ **pollo asado**

50 g (1¾ oz) **de fideos finos de soja**
(*vermicelli*)

8 **fajitas o tortitas cuadradas secas de papel**
de arroz de 17 cm (6½ in)

16 **hojas de albahaca**

1 **puñado grande de hojas de cilantro**

1 **zanahoria, pelada y cortada en tiras**
cortas y finas

2 **cucharadas de salsa de ciruelas**

1 Cortar el pollo en tiras finas y quitarle la piel. Poner los fideos en agua caliente durante 10 min y escurrir en un colador.

2 Remojar una tortita de papel de arroz en agua caliente durante 10 o 15 segundos o hasta que se ablande, luego colocarla sobre la superficie limpia de trabajo. Encima de la tortita colocar una octava parte del pollo, junto con dos hojas de albahaca, un poco de cilantro, algunas tiras de zanahoria y una pequeña cantidad de fideos. Con una cuchara verter un poco de salsa de ciruelas por encima.

3 Presionar un poco el relleno para que no sobresalga tanto y luego doblar uno de los laterales y enrollar la tortita hasta cerrarla como si se tratase de un paquete. Colocar el rollito con el borde hacia abajo en una bandeja y rociar un poco de agua por encima. Cubrir con un paño húmedo y así con cada rollito. Servir con su salsa favorita para untar o con un poco más de salsa de ciruelas.

sopa cremosa de tomate

4 PERSONAS

1 cucharada de aceite de oliva

1 cebolla picada muy fina

2 dientes de ajo picados

1,25 kg (2,12 lb) de tomate triturado de lata

750 ml (26 onzas líquidas / 3 tazas) de caldo de pollo

1 cucharada de tomate concentrado

2 cucharaditas de azúcar moreno

250 ml (9 onzas líquidas / 1 taza) de nata

1 Calentar el aceite en una olla grande. Añadir la cebolla y cocinar hasta que quede blanda y doradita, removiendo cada cierto tiempo. Añadir el ajo y cocinar durante 1 min más.

2 Añadir en la olla el tomate, el caldo, la salsa de tomate y el azúcar. Dejar que hierva y luego bajar el fuego.

3 Hervir la sopa a fuego lento durante 20 min cubriéndola parcialmente con la tapa. Dejar que la sopa se enfríe un poco y luego pasarla por la licuadora o por el robot de cocina para eliminar los grumos.

4 Verter de nuevo la sopa en la olla, remover mientras se añade la nata y volver a calentarla. Una vez que se haya añadido la nata no debe hervir porque se puede cortar.

sopa de calabaza

DE 4 A 6 PERSONAS

1 kg (2,4 lb) de calabaza

60 g (2¼ oz) de mantequilla

1 cebolla picada

1 litro (35 onzas líquidas / 4 tazas) de caldo de pollo

185 ml (6 onzas líquidas / ¾ taza) de nata

1 Cortar la calabaza en trozos grandes, y pelarla. Luego cortarla en trozos más pequeños. Esto es mejor que lo haga un adulto.

2 Calentar la mantequilla en una olla grande. Añadir la cebolla y cocinar a fuego lento durante 15 min o hasta que quede bastante blanda.

3 Añadir la calabaza y el caldo. Tapar la olla y dejar que hierva. Bajar el fuego y dejar hervir a fuego lento durante 20 min o hasta que la calabaza se ablande.

4 Dejar que la sopa se enfríe un poco y luego pasarla por la licuadora para eliminar los grumos.

5 Verter de nuevo la sopa en la olla, añadir la nata, la sal y la pimienta al gusto. Ir removiendo a fuego lento hasta que esté caliente. Una vez que se haya añadido la nata no debe hervir porque se puede cortar.

tortilla de noodles de pollo

2 PERSONAS

85 g (3 oz) de fideos finos con sabor a pollo (*noodles*)

175 g (6 oz / 1 taza) de pollo cocinado cortado en trozos

2 cucharaditas de perejil picado muy fino

2 huevos, ligeramente batidos

2 cucharadas de queso *cheddar* rallado

1 Hervir en una olla 500 ml (17 onzas líquidas / 1 taza) de agua. Añadir los *noodles* y el sobre de condimento a la olla. Cocinar los *noodles* tal y como se indica en el paquete y cuando estén cocidos escurrir en un colador.

2 Verter en un cuenco los *noodles*, el pollo, el perejil y los huevos. Mezclarlo todo bien.

3 Echar la mezcla en una sartén antiadherente de 20 cm (8 in). Cocinar durante 5 min sin remover.

4 Espolvorear el queso por encima. Poner en el horno con la resistencia superior (parrilla) y asar (gratinar) durante 2 min o hasta que adquiera un tono dorado. Servir caliente.

arepas de maíz

4 PERSONAS

1 pimiento rojo grande

2 o 3 mazorcas de maíz fresco o
300 g (10½ oz / 1½ tazas) de maíz en grano
escurrido en lata

Aceite, para freír

2 cucharadas de perejil picado,

Hojas de cilantro, cebollinos o eneldo

3 huevos

1 Cortar el pimiento en grandes trozos, quitar las semillas y las membranas, luego cortar en trozos más pequeños. Si se va a utilizar maíz fresco, hay que sacar los granos de la mazorca con un cuchillo afilado.

2 Calentar dos cucharadas de aceite en una sartén. Añadir el maíz y el pimiento, y remover durante 2 min. Pasar las verduras a un cuenco. Añadir las hierbas y remover bien para mezclarlo todo. Batir los huevos en un cuenco pequeño con un poco de pimienta. Remover el huevo mientras se va mezclando con las verduras.

3 Calentar una sartén antiadherente a fuego medio. Añadir suficiente aceite para cubrir la base de la sartén. Echar bastantes cucharadas de la mezcla en la sartén cada cierto tiempo. Freír las arepas durante 1 o 2 min o hasta que adquieran un tono dorado. Darles la vuelta para que se hagan los dos lados. Eliminar el exceso de aceite con papel de cocina y mantener calientes mientras se prepara el resto.

batido de helado de fresa

2 PERSONAS

175 g (6 oz / 1 taza) de fresas o frambuesas cortadas

250 ml (9 onzas líquidas / 1 taza) de leche

3 bolas de helado de vainilla o de fresa

Azúcar, al gusto, si se utilizan frambuesas

1 Poner las fresas o las frambuesas, la leche y el helado (también el azúcar, si se va a usar) en la batidora o en la licuadora y batir hasta que quede una mezcla sin grumos.

2 Servir en dos copas.

batido de plátano

2 PERSONAS

1 plátano, cortado en rodajas grandes

1 cucharada de yogur natural

1 cucharadita de miel

250 ml (9 onzas líquidas / 1 taza) de leche

1 Poner el plátano en la batidora o en la licuadora junto con el yogur, la miel y la leche y batir hasta que quede una mezcla sin grumos, espesa y cremosa.

2 Servir en dos copas.

espuma de frutas del bosque

2 PERSONAS

220 g (7³/₄ oz / 1²/₃ taza) de frutas del bosque frescas o congeladas

500 ml (17 onzas líquidas / 2 tazas) de leche

2 cubitos de hielo

Azúcar, al gusto

1 Poner las frutas del bosque, la leche y los cubitos de hielo en una batidora o licuadora y batir hasta que quede una mezcla sin grumos. Añadir el azúcar y batir de nuevo hasta que todo quede bien mezclado.

2 Servir en dos copas grandes.

batido de frutas naturales con hielo

4 PERSONAS

90 g (3¹/₄ oz) de piña natural, pelada, sin el centro y cortada a trozos

1 plátano, cortado a trozos

3 kiwis cortados a rodajas

250 ml (9 onzas líquidas / 1 taza) de zumo de frutas tropicales

2 cubitos de hielo

1 Poner la piña y el plátano en la batidora o en la licuadora junto con los kiwis, el zumo y los cubitos de hielo. Batir hasta que quede una mezcla sin grumos.

2 Servir en cuatro copas.

batido malteado

2 PERSONAS

250 ml (9 onzas líquidas / 1 taza) de leche

1 cucharada de chocolate en polvo

1 cucharada de extracto de malta en polvo
(o 1 cucharada de miel)

4 bolas de helado de vainilla

1 Mezclar la leche, el chocolate en polvo, el extracto de malta (o la miel) y el helado en la batidora o en la licuadora durante 1 min.

2 Servir en dos vasos.

batido de mango con hielo

1 PERSONA

70 g (2½ oz / ½ taza) de cubitos de hielo

280 g (10 oz / 1½ tazas) de mango fresco cortado en trozos pequeños

1 Poner el hielo en la batidora o en la licuadora y picarlo hasta que no queden trozos grandes.

2 Añadir el mango y batir hasta que el hielo y el mango se mezclen bien.

3 Servir en un vaso. Si se quiere, añadir un poco de agua o zumo de naranja para que la bebida sea menos espesa.

sueño de melocotón

4 PERSONAS

425 g (15 oz) de rodajas de melocotón en almíbar, sin el almíbar

500 ml (17 onzas líquidas / 2 tazas) de helado de vainilla

3 cucharadas de zumo de naranja

2 o 3 gotas de extracto de vainilla

500 ml (17 onzas líquidas / 2 tazas) de leche muy fría

1 Mezclar las rodajas de melocotón con el helado de vainilla, el zumo de naranja, el extracto de vainilla y la leche fría en la batidora o en la licuadora hasta que no queden grumos.

2 Servir en cuatro vasos.

zumo de leche

8 PERSONAS

400 g (14 oz) de yogur con sabor a frutas

2 cucharadas de miel

1 cucharadita de extracto de vainilla

2 plátanos maduros

500 ml (17 onzas líquidas / 2 tazas) de leche muy fría

4 bolas de helado de vainilla

1 Mezclar el yogur con la miel, el extracto de vainilla, los plátanos, la leche y el helado en una batidora o licuadora durante 3 min.

2 Repartir en 8 vasos y servir.

la cena

pizza

4 PERSONAS

1 base grande de *pizza* fresca o congelada

Salsa de tomate

1 cucharada de aceite de oliva

1 cebolla pequeña picada

1 diente de ajo picado

1 tomate grande cortado

1 cucharada de tomate concentrado

½ cucharadita de orégano

Ingredientes para una *pizza* napolitana

Queso *mozzarella* rallado, orégano picado, aceitunas negras sin hueso cortadas en rodajas y filetes de anchoa en tiras muy finas (opcional)

Ingredientes para una *pizza* con *pepperoni*

Pimiento rojo, pepperoni o salchichón y queso *mozzarrella* rallado

1 Para preparar la salsa de tomate hay que calentar el aceite de oliva en un cazo pequeño, a fuego medio, añadir la cebolla y el ajo. Cocinar durante 3 min o hasta que se ablande.

2 Añadir el tomate cortado y remover hasta que se mezcle todo. Bajar el fuego y cocinar a fuego lento durante 10 min, removiendo cada cierto tiempo.

3 Añadir, mientras remueve, el tomate triturado y el orégano y dejar a fuego lento durante 2 min más. Apartar del fuego y dejar que se enfríe.

4 Precalentar el horno a 220° C (425° F / gas 7). Poner la base de la *pizza* en una bandeja antiadherente o en una bandeja grande para horno, y cubrirla con papel para hornear. Extender la salsa de tomate sobre la base de la *pizza*.

5 Colocar sobre la base los ingredientes para hacer una *pizza* napolitana o una con *pepperoni*. Hornear durante 30 min.

pasta rápida con salsa de tomate

4 PERSONAS

1 cucharada de aceite de oliva virgen

1 diente de ajo picado

400 g (14 oz) de tomates triturados de lata

500 g (1 lb y 2 oz) de macarrones

1 cucharada de queso parmesano rallado

1 Calentar el aceite de oliva en una sartén a fuego medio. Cocinar el ajo, removiendo constantemente, durante 30 segundos. Añadir los tomates y remover bien. Reducir la intensidad del fuego y cocinar a fuego lento otros 8 o 10 min, removiendo cada cierto tiempo hasta que se reduzca.

2 Mientras tanto, cocinar la pasta en una olla grande con agua hirviendo hasta que quede blanda. Escurrir en un colador y volver a poner la pasta en la olla.

3 Mezclar los tomates cocinados con la pasta y remover bien. Servir la pasta en platos hondos y espolvorear por encima el queso parmesano rallado.

fettuccine carbonara

4 PERSONAS

2 cucharaditas de aceite

8 lonchas de bacón, cortadas en finas tiras

500 g (1 lb y 2 oz) de *fettuccine* (cintas)

4 huevos

50 g (1³/₄ oz / ¹/₂ taza) de queso parmesano rallado

250 ml (9 onzas líquidas / 1 taza) de nata

1 Calentar el aceite en una sartén y freír el bacón a fuego medio hasta que quede dorado y crujiente. Retirarlo de la sartén y eliminar el exceso de aceite con papel de cocina.

2 Cocinar los *fettuccine* en una olla grande con agua hirviendo hasta que la pasta quede blanda. Escurrir bien en un colador y volver a poner la pasta en la olla.

3 Poner en un cuenco pequeño los huevos, el queso y la nata y batirlo todo con un tenedor. Añadir el bacón.

4 Echar la salsa por encima de la pasta caliente. Remover a fuego muy lento durante 1 min o hasta que la salsa espese.

espaguetis boloñesa

4 PERSONAS

1 cucharadita de aceite de oliva

1 cebolla grande picada muy fina

3 dientes de ajo picados

1 tallo de apio, cortado en dados

1 zanahoria, cortada en dados

500 g (1,2 lb) de carne magra de res picada

1 cucharada de orégano en polvo

250 ml (9 onzas líquidas / 1 taza) de vino tinto o agua

500 ml (17 onzas líquidas / 2 tazas) de caldo de carne

2 cucharadas de tomate concentrado

800 g (1 lb y 12 oz) de tomate triturado de lata

350 g (12 oz) de espaguetis

1. Calentar el aceite en una sartén antiadherente a fuego medio. Añadir la cebolla, el ajo, el apio y la zanahoria y cocinar durante 2 o 3 min o hasta que se ablanden.

2. Añadir la carne picada y cocinar a fuego alto durante 5 min o hasta que se dore, desmenunzando cualquier trozo grande de carne con la parte posterior de la cuchara.

3. Añadir el orégano, el vino o el agua y cocinar durante 3 o 4 min o hasta que se haya evaporado la mayor parte del líquido. Añadir el caldo, el tomate triturado y el concentrado, y sazonar con sal y pimienta.

4. Reducir la intensidad del fuego y dejar que se cocine a fuego lento, tapado durante 1 hora y media. Remover cada cierto tiempo para evitar que se pegue. Si la salsa no es suficientemente espesa, hay que retirar la tapa y dejar que se cocine a fuego lento hasta que espese.

5. Cocinar la pasta en una olla grande con agua hirviendo durante 10 min o hasta que la pasta se ablande. Escurrir en un colador y servir con la salsa boloñesa.

lasaña

6 PERSONAS

1 cucharada de aceite de oliva

1 cebolla grande picada muy fina

3 dientes de ajo grandes picados

1 tallo de apio cortado en dados

1 zanahoria, cortada en dados

125 g (4½ oz) de champiñones pequeños

500 g (1,2 lb) de carne magra picada

1 cucharadita de orégano en polvo

250 ml (9 onzas líquidas / 1 taza) de vino tinto o agua

500 ml (17 onzas líquidas / 2 tazas) de caldo de carne

2 cucharadas de tomate concentrado

800 g (1,12 lb) de tomate triturado de lata

500 g (1 lb y 2 oz) de espinacas

20 g (¾ oz) de mantequilla

4 cucharadas de harina

375 ml (13 onzas líquidas / 1½ tazas) de leche

150 g (5½ oz / ⅔ de taza) de requesón

375 g (13 oz) de láminas de pasta fresca para lasaña

85 g (3 oz / ⅔ taza) de queso *cheddar* rallado

1. Calentar el aceite en una sartén grande a fuego alto. Añadir la cebolla y cocinar durante 2 min. Añadir el ajo, el apio, la zanahoria y los champiñones y dejar cocinando durante 2 min. Añadir la carne picada y cocinar durante 5 min o hasta que esté hecha. Añadir el orégano y cocinar durante 3 o 4 min.

2. Añadir el vino, el caldo, el concentrado de tomate y el tomate triturado, y luego sazonar. Bajar la intensidad del fuego y dejar cocinando a fuego lento, tapado, durante 1 hora y media, removiendo cada cierto tiempo. Dejar que se enfríe un poco. Secar las espinacas que se han lavado anteriormente durante 1 min en un cazo con tapa.

3. Para preparar la salsa bechamel hay que derretir la mantequilla en un cazo a fuego medio. Remover mientras se añade la harina y dejar que se cocine durante 1 min. Seguir removiendo lentamente mientras se añade la leche y hasta que la salsa hierva y se espese. Cocinar a fuego lento durante 2 min. Remover mientras se añade el requesón hasta que la salsa quede sin grumos.

4. Precalentar el horno a 200° C (400° F / gas 6). Colocar una tercera parte de la pasta en una bandeja grande para horno. Repartir la carne picada por encima de la pasta y luego las espinacas. Colocar otra capa de pasta y repartir por encima el resto de la carne picada, luego las espinacas y finalmente cubrir con la última capa de pasta. Cubrir todo con la salsa bechamel, espolvorear queso *cheddar* por encima y hornear durante 30 min o hasta que adquiera un tono dorado.

espaguetis con albóndigas de pollo

4 PERSONAS

Salsa de tomate

1 cucharadita de aceite de oliva

2 dientes de ajo picados

800 g (1 lb y 12 oz) de tomate triturado de lata

Albóndigas de pollo

500 g (1, 2 lb) de carne picada de pollo

2 dientes de ajo picados

20 g (3/4 oz / 1/4 de taza) de pan rallado fresco

2 cucharadas de albahaca picada

1/4 de cucharadita de pimentón

1 cucharada de aceite de oliva

2 cucharadas de albahaca picada

375 g (13 oz) de espaguetis

30 g (1 oz) de queso parmesano rallado

1   Para preparar la salsa de tomate, calentar el aceite en una sartén antiadherente a fuego medio. Añadir el ajo y cocinar durante 1 min o hasta que adquiera un tono dorado. Añadir los tomates y sazonar. Bajar la intensidad del fuego y cocinar a fuego lento durante 15 min o hasta que espese.

2   Recubrir la bandeja del horno con papel para hornear. Para preparar las albóndigas, mezclar en un cuenco grande el pollo, el ajo, el pan rallado, la albahaca y el pimentón y luego sazonar.

3   Con las manos húmedas, coger una cucharada de la masa y darle la forma de una bolita que luego se coloca en la bandeja. Repetir el proceso con el resto de la masa.

4   Calentar el aceite de oliva en una sartén a fuego medio. Cocinar las albóndigas, dándoles la vuelta cada 3 o 4 min o hasta que adquieran un tono dorado. Pasar las albóndigas a la salsa y dejar que se cocinen a fuego lento otros 10 min más o hasta que estén completamente hechas. Luego añadir la albahaca.

5   Mientras tanto, cocinar los espaguetis en una olla grande con agua hirviendo durante 10 min o hasta que se ablanden. Escurrirlos en un colador. Mezclar los espaguetis con las albóndigas, añadir la salsa y servirlos con queso parmesano.

san choy bau

4 PERSONAS

3 cucharadas de salsa de ostras

2 cucharaditas de salsa de soja

3 cucharadas de vino jerez

1 cucharadita de azúcar

1 cucharada y media de aceite vegetal

¼ de cucharadita de aceite de sésamo

3 dientes de ajo picados

3 cucharaditas de jengibre fresco rallado

6 cebolletas cortadas diagonalmente en rodajas

500 g (1 lb y 2 oz) de carne picada de cerdo

100 g (3½ oz) de brotes de bambú, picados muy fino

100 g (3½ oz) de castañas de agua, secas y picadas muy fino

1 cucharada de piñones tostados

12 hojas pequeñas o 4 hojas grandes de lechuga (como lechuga *iceberg*)

Salsa de ostras para servir

1 Para preparar la salsa, hay que mezclar en un cuenco pequeño las salsas de ostras y la de soja con el jerez y el azúcar y remover hasta que se disuelva el azúcar.

2 Calentar un *wok* a fuego alto y añadir las verduras y el aceite de sésamo. Remover para que el aceite recubra el *wok*. Añadir el ajo, el jenjibre y la mitad de la cebolleta, y sofreír durante 1 min. Añadir el cerdo y cocinar durante 3 o 4 min o hasta que esté hecho, desmenuzando bien la carne.

3 Añadir los brotes de bambú, las castañas de agua y lo que queda de la cebolleta, luego verter la salsa. Cocinar durante 2 o 3 min o hasta que el líquido se espese un poco. Remover mientras se van echando los piñones.

4 Cortar con cuidado las hojas de lechuga dándoles forma de tacitas. Dividir el relleno entre las tazas hechas con la lechuga. Se puede dividir en 12 porciones pequeñas o en 4 porciones abundantes. Antes de servir salpicar por encima un poco de salsa de ostras.

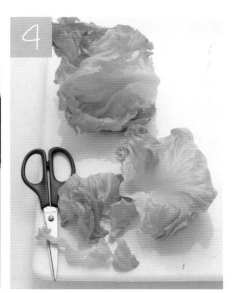

wok de pollo con naranja y jengibre

DE 4 A 6 PERSONAS

3 cucharadas de aceite vegetal

De 4 a 6 muslos de pollo, deshuesados y sin piel, cortados en trozos pequeños

3 cucharaditas de jengibre fresco rallado

1 cucharadita de corteza rallada de naranja

125 ml (4 onzas líquidas / ½ taza) de caldo de pollo

2 cucharaditas de miel

550 g (1 lb y 4 oz) de *bok choy* (repollo chino), cortado por la mitad a lo largo

Semillas tostadas de sésamo para servir

Arroz blanco cocinado al vapor para servir

1 Calentar un *wok* a fuego alto, añadir el aceite y extenderlo para que cubra la superficie del *wok*. Añadir el pollo y freírlo durante 3 o 4 min o hasta que adquiera un tono dorado.

2 Volver a poner todo el pollo en el *wok*, añadir el jengibre y la corteza de naranja, y cocinar durante 20 segundos o hasta que empiece a desprender aroma.

3 Añadir el caldo y la miel, remover hasta mezclarlo todo. Subir la intensidad del fuego y cocinar durante 3 o 4 min o hasta que la salsa se haya espesado un poco.

4 Añadir el *bok choy* (repollo chino) y cocinar hasta que quede un poco seco. Sazonar bien y luego espolvorear por encima las semillas de sésamo. Servir con arroz cocinado al vapor.

pollo con chile dulce y noodles

4 PERSONAS

375 g (13 oz) de *noodles* (*hokkien*) de huevo

4 muslos de pollo, deshuesados y sin piel, cortados en trozos pequeños

1 o 2 cucharadas de salsa de chile dulce

2 cucharaditas de salsa de pescado

1 cucharada de aceite vegetal

100 g (3¹/₂ oz) de mini mazorcas de maíz dulce, cortadas por la mitad a lo largo

150 g (5¹/₂ oz) de guisantes con vaina sin pelar

1 cucharada de zumo de lima

1 Poner los *noodles* en un cuenco grande con agua hirviendo durante 1 min y luego separar con cuidado. Escurrir y enjuagar en un colador.

2 Mezclar en un cuenco el pollo con la salsa de chile dulce y la salsa de pescado.

3 Calentar un *wok* a fuego alto, añadir el aceite y extenderlo para cubrir la superficie del *wok*. Añadir el pollo y freírlo de 3 a 5 min o hasta que esté bien hecho. Añadir el maíz y los guisantes, y sofreír durante 2 min. Remover los *noodles* mientras se añade el zumo de lima y luego servirlo.

wok de cerdo, calabaza y anacardos

4 PERSONAS

De 2 a 3 cucharadas de aceite vegetal

80 g (2³/4 oz / ¹/2 taza) de anacardos

750 g (1 lb y 10 oz) de filetes de lomo de cerdo

500 g (1 lb y 2 oz) de calabaza cortada en dados

1 cucharada de jengibre fresco rallado

4 cucharadas de caldo de pollo

3 cucharadas de fino (jerez seco)

1 cucharada y media de salsa de soja

¹/2 cucharadita de harina de maíz (maicena)

300 g (10¹/2 oz) de *bok choy* (repollo chino)

1 o 2 cucharadas de hojas de cilantro

1. Calentar un *wok* a fuego alto, añadir una cucharada de aceite y extenderlo para cubrir la superficie del *wok*. Sofreír los anacardos durante 1 o 2 min o hasta que adquieran un tono dorado. Retirar el exceso de aceite.

2. Cortar el lomo de cerdo en filetes finos. Volver a calentar el *wok*, añadir un poco más de aceite y extenderlo para cubrir toda la superficie. Sofreír el cerdo durante 5 min o hasta que esté un poco doradito. Retirarlo del fuego. Añadir 1 cucharada de aceite y sofreír la calabaza y el jengibre durante 3 min o hasta que adquieran un cierto tono dorado. Añadir el caldo, el fino y la salsa de soja y dejar cocinando a fuego lento durante 3 min o hasta que se ablande la calabaza.

3. Mezclar la maicena con una cucharadita de agua, añadirlo al *wok* y remover hasta que la mezcla hierva y se espese. Volver a poner el cerdo y los anacardos en el *wok*, añadir el *bok choy* (repollo chino) y el cilantro. Remover hasta que el *bok choy* se seque. Servir con arroz cocinado al vapor.

canelones de espinacas y requesón

4 PERSONAS

20 g (³/4 oz) de mantequilla sin sal

1 cebolla pequeña picada fina

2 dientes de ajo picados

3 puñados de espinacas

300 g (10¹/2 oz / 1¹/4 de taza) de requesón

1 cucharada de orégano en polvo

Salsa de tomate

1 cucharada de aceite de oliva

1 cebolla pequeña, picada

2 dientes de ajo picados

440 g (15¹/2 oz) de tomate en lata

125 ml (4 onzas líquidas / ¹/2 taza) tomate concentrado

1 cucharadita de orégano en polvo

2 cucharaditas de mostaza de Dijon

1 cucharada de vinagre balsámico

1 cucharadita de azúcar

375 g (13 oz) de láminas de pasta fresca para lasaña

70 g (2¹/2 oz) de queso *mozzarella* rallado

50 g (1³/4 oz) de queso parmesano rallado

1 Precalentar el horno a 180° C (350° F / gas 4). Para preparar el relleno hay que derretir la mantequilla en un cazo y freír la cebolla y el ajo de 3 a 5 min hasta que se ablanden. Cortar las espinacas en tiras, echarlas en el cazo y cocinar durante 5 min o hasta que el líquido se haya evaporado. Retirar del fuego y dejar que se enfríen. Luego pasarlas por la batidora y mezclarlas con el requesón y el orégano hasta que no queden grumos.

2 Para preparar la salsa hay que calentar el aceite en un cazo y freír la cebolla y el ajo a fuego lento durante 5 min. Añadir el resto de los ingredientes de la salsa. Dejar que hierva y luego cocinar a fuego lento durante 10 min o hasta que espese.

3 Cortar las láminas de lasaña en cuadrados de 12 cm (4¹/2 in). Untar un poco de aceite o mantequilla en una bandeja grande para horno y verter una tercera parte de la salsa por la base.

4 Repartir el relleno de espinacas con una cuchara por los extremos de cada cuadrado de la pasta. Luego enrollar la pasta con el relleno y colocar el canelón en la bandeja, con el lateral hacia abajo. Hay que dejar el mismo espacio entre cada canelón y luego cubrirlos con el resto de la salsa. Espolvorear con *mozzarella* rallada y queso parmesano y hornear de 30 a 35 min o hasta que adquieran un tono dorado.

risotto con guisantes y jamón

4 PERSONAS

1 cucharada de aceite de oliva

1 tallo de apio picado

2 cucharadas de perejil picado

70 g (2½ oz) de lonchas de jamón de York, cortadas en trozos

250 g (9 oz / 1⅔ tazas) de guisantes (frescos o congelados)

750 ml (26 onzas líquidas / 3 tazas) de caldo de pollo

60 g (2¼ oz) de mantequilla sin sal

1 cebolla picada

440 g (15½ oz / 2 tazas) de arroz para el *risotto*

35 g (1¼ oz / ⅓ de taza) de queso parmesano rallado, y un poco más para servir

1 Calentar el aceite en una sartén, y añadir el apio y el perejil. Cocinar a fuego medio durante unos minutos. Añadir el jamón y remover durante 1 min. Añadir los guisantes y 3 cucharadas de agua, dejar que hierva y luego bajar el fuego. Dejar que se cocine a fuego lento, sin taparlo, hasta que casi todo el líquido se haya evaporado. Entonces, retirar la sartén del fuego. Poner en un cazo el caldo y 750 ml (26 onzas líquidas / 3 tazas) de agua y dejar que cueza a fuego lento.

2 Calentar la mantequilla en un cazo. Añadir la cebolla y remover hasta que se ablande. Echar el arroz y remover todo bien. Agregar 3 cucharadas de agua y 125 ml (4 onzas líquidas / ½ taza) de caldo a la mezcla con arroz. Remover a fuego lento hasta que se absorba el caldo. Repetir hasta haber añadido todo el caldo y el arroz esté cremoso y blando.

3 Añadir la mezcla con guisantes y espolvorear el queso parmesano.

risotto de pollo y puerros

DE 4 A 6 PERSONAS

60 g (2¼ oz) de mantequilla sin sal

1 puerro, cortado en rodajas muy finas

2 pechugas de pollo, deshuesadas y sin piel, cortadas en trozos pequeños

440 g (15½ oz / 2 tazas) de arroz para el *risotto*

1,25 litros (44 onzas líquidas / 5 tazas) de caldo de pollo

35 g (1¼ oz / ⅓ de taza) de queso parmesano rallado

1 Precalentar el horno a 150° C (300° F / gas 2). Calentar la mantequilla en una bandeja para horno con tapa, a intensidad media. Añadir el puerro y cocinar durante 2 min o hasta que se ablande pero no hasta que se dore.

2 Añadir el pollo y cocinar, removiéndolo, durante 2 o 3 min o hasta que se dore por los dos lados. Añadir el arroz y remover para que todo quede bien cubierto de mantequilla. Cocinar durante 1 min.

3 Añadir el caldo y 2 cucharadas de agua y poner a hervir. Cubrir y hornear durante 30 min, removiendo de vez en cuando. Sacar del horno y remover mientras se añade el queso parmesano. Sazonar.

empanadillas orientales de cerdo y cebollinos

24 UNIDADES

1 cucharadita de aceite vegetal

2 dientes de ajo picados

1 cucharadita de jengibre fresco rallado muy fino

2 cucharaditas de cebollinos cortados

½ zanahoria, cortada en trozos pequeños

200 g (7 oz) de carne de cerdo picada

2 cucharadas de salsa de ostras

3 cucharaditas de salsa de soja baja en sal, y algunas cucharaditas más para servir

½ cucharadita de aceite de sésamo

1 cucharadita de harina de maíz (maicena)

24 tortitas *gow gee* (masa oriental)

1 Calentar un *wok* a fuego medio, añadir el aceite vegetal y extenderlo para cubrir la superficie del *wok*. Añadir el ajo, el jengibre, los cebollinos y la zanahoria, y luego sofreír durante 2 min. Retirar el *wok* del fuego.

2 Poner en un cuenco la carne de cerdo, la salsa de ostras, la salsa de soja, el aceite de sésamo y la maicena y mezclarlo todo bien. Añadir la mezcla de verduras cuando se haya enfriado.

3 Poner 2 cucharaditas de la mezcla en el centro de cada una de las tortitas *gow gee*. Humedecer los bordes con agua y luego doblarlas por la mitad para formar un semicírculo. Unir los bordes pellizcándolos para crear un borde ondulado.

4 Recubrir una olla oriental de bambú para cocinar al vapor con papel para hornear. Colocar la mitad de las empanadillas en una fila en cada una de las cestas. Taparlas y en un *wok* dejar que se cocinen al vapor con agua que vaya hirviendo a fuego lento durante 12 min o bien hasta que queden bien hechas. Se sirven con salsa de soja.

pastel de salchichas

4 PERSONAS

3 salchichas gruesas o 6 finas

4 láminas de masa de hojaldre, descongelada

4 huevos

1 Poner las salchichas en un cuenco grande y cubrirlas con agua hirviendo. Dejar que se enfríen. Una vez se hayan enfriado, pelarlas con cuidado y cortarlas en rodajas.

2 Utilizar la mitad de la masa de hojaldre para forrar un molde para pasteles de 25 cm (10 in) o cuatro moldes individuales. Distribuir las salchichas de forma uniforme por todo el molde. Batir los huevos y sazonar con sal y pimienta. Luego vertir sobre las salchichas.

3 Precalentar el horno a 190° C (375° F / gas 5). Utilizar el resto de la masa de hojaldre para cubrir el pastel, y recortar la masa que sobre. Sellar los bordes del pastel en el molde. Realizar dos pequeños cortes en el centro. Si se quiere, cortar el resto de la masa en forma de estrella y colocarlo encima del pastel. Untar la masa con un poco de huevo batido con un pincel.

4 Hornear durante 45 min. Servir caliente o frío.

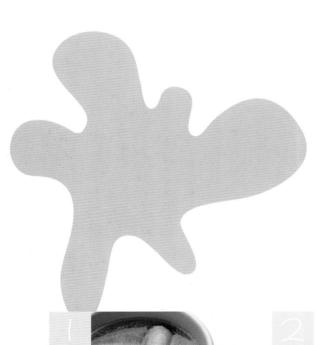

hamburguesas

4 PERSONAS

Hamburguesas

500 g (1 lb y 2 oz) de carne picada

1 cebolla, picada muy fina

1 huevo, poco batido

25 g (1 oz / ⅓ taza) de pan rallado fresco

2 cucharadas de salsa de tomate (*kétchup*)

2 cucharaditas de salsa Worcestershire (salsa inglesa)

Ingredientes

30 g (1 oz) de mantequilla

2 cebollas grandes, cortadas en aros

4 lonchas de queso *cheddar*

4 lonchas de bacón

4 huevos

4 panes o bollos de hamburguesa abiertos por la mitad

1 puñado de hojas de lechuga

1 tomate grande, cortado en rodajas

4 rodajas de piña

salsa de tomate (*kétchup*) para servir

1 Colocar todos los ingredientes de las hamburguesas en un cuenco grande. Utilizar las manos para mezclarlos todos muy bien.

2 Dividir la mezcla resultante en 4 porciones y luego darle forma a cada porción.

3 Derretir la mantequilla en una sartén y cocinar la cebolla hasta que se ablande. Retirarla del fuego y mantenerla caliente.

4 Cocinar las hamburguesas en la sartén durante 4 min por cada lado. Colocar una loncha de queso sobre cada hamburguesa para que se derrita.

5 Freír el bacón en la sartén (sin mantequilla) hasta que quede crujiente y luego freír los huevos.

6 Tostar los bollos en una parrilla caliente (*grill*) de 3 a 5 min y luego colocar las bases en las platos en los que se servirán las hamburguesas. Sobre cada base poner un poco de lechuga, tomate, piña y luego la hamburguesa. Después poner el bacón, la cebolla, el huevo, la salsa de tomate y finalmente colocar la otra parte del pan o del bollo de hamburguesa.

arroz frito

4 PERSONAS

2 cucharadas de aceite de cacahuete

2 huevos, bien batidos

4 lonchas de bacón, cortadas en trozos

2 cucharaditas de jengibre fresco rallado muy fino

1 diente de ajo picado

6 cebolletas (cebollitas), picadas muy fino

50 g (1³/₄ oz) de pimiento rojo, sin semillas y cortado en dados

1 cucharadita de aceite de sésamo

750 g (1 lb y 10 oz / 4 tazas) de arroz blanco de grano largo, cocinado y frío

100 g (3¹/₂ oz / ²/₃ de taza) de guisantes congelados

100 g (3¹/₂ oz) de pollo cocinado, cortado en trozos pequeños

2 cucharadas de salsa de soja

1 Calentar un *wok* grande de base pesada hasta que esté muy caliente. Añadir unas 2 cucharaditas de aceite de cacahuete y extenderlo para cubrir toda la superficie del *wok*. Echar los huevos y extenderlos para que cubran el *wok*. Cocinar hasta que se haga una tortilla. Retirarla del fuego, enrollarla y dejarla en un plato.

2 Añadir al *wok* el resto del aceite de cacahuete y freír el bacón durante 2 min. Añadir el jengibre, el ajo, las cebolletas y el pimiento y freír 2 min más.

3 Añadir el aceite de sésamo y el arroz. Sofreír, removiendo con regularidad, hasta que el arroz se caliente.

4 Cortar la tortilla en tiras finas y añadir al *wok* junto con los guisantes y el pollo. Tapar y dejar que se cocine al vapor durante 1 min o hasta que se caliente todo. Remover mientras se añade la salsa de soja y listo para servir.

ñoquis de patata con salsa de tomate

DE 4 A 6 PERSONAS

Salsa de tomate

1 cucharada de aceite

1 cebolla picada

1 tallo de apio, picado

2 zanahorias, cortadas en pequeños trozos

850 g (1 lb y 14 oz) de tomates triturados en lata

1 cucharadita de azúcar

ñoquis de patata

1 kg (2 lb y 4 oz) de patatas

30 g (1 oz) de mantequilla

250 g (9 oz / 2 tazas) de harina

2 huevos batidos

1 Para preparar la salsa de tomate hay que calentar el aceite en un cazo, añadir la cebolla, el apio y la zanahoria y dejar que se cocinen durante 5 min, removiendo todo el rato. Añadir los tomates y el azúcar y luego sazonar. Dejar que hierva, bajar la intensidad del fuego y dejar que se cocine a fuego lento unos 20 min. Dejar que se enfríe y luego pasarlo por un robot de cocina hasta que quede sin grumos.

2 Para preparar los *ñoquis* pelar las patatas, cortarlas en trozos grandes y hervirlas hasta que se ablanden. Escurrirlas en un colador y hacerlas puré hasta que quede una pasta sin grumos. Con una cuchara de madera remover la mantequilla para mezclarla con la harina y batirla con los huevos. Dejar que se enfríe todo.

3 Poner la mezcla para preparar los *ñoquis* sobre una superficie cubierta con harina y dividir la masa en cuatro partes. Amasar hasta que tenga forma alargada.

4 Cortar la masa en trozos pequeños y luego presionar cada uno de esos trocitos con la parte de atrás de un tenedor. Cocinar los *ñoquis* en una olla grande con agua hirviendo con sal durante 2 min o hasta que floten en la superficie del agua. Retirar y escurrir los *ñoquis* con una espumadera, y luego pasarlos a los platos hondos. Servir con la salsa de tomate.

pescado y patatas rebozadas en cerveza

4 PERSONAS

3 patatas

Aceite para freír (abundante)

125 g (4½ oz / 1 taza) de harina con levadura

1 huevo batido

185 ml (6 onzas líquidas / ¾ de taza) de cerveza

4 filetes de pescado blanco sin espinas

Harina para espolvorear por encima

125 g (4½ oz / ½ taza) de salsa tártara o mayonesa mezclada con 1 cucharada de zumo de limón

1   Lavar las patatas, sin pelarlas. Cortarlas en forma de cuñas gruesas y luego secarlas con papel de cocina. Llenar un cazo hasta dos tercios con aceite y poner a calentar. Introducir las cuñas de patata una a una en el aceite cuando esté medianamente caliente. Dejarlas unos 4 min o hasta que se ablanden y adquieran un ligero tono dorado. Con cuidado retirar las cuñas de patata del aceite con una espumadera y luego eliminar el exceso de aceite con papel de cocina.

2   Tamizar en un cuenco grande la harina con levadura con algo de pimienta y hacer un agujero en el centro. Añadir el huevo y la cerveza. Utilizar una cuchara de madera para remover hasta que todo quede bien mezclado y sin grumos. Espolvorear los filetes de pescado con la harina, sacudiéndolos para eliminar el exceso. Rebozar los filetes de pescado en la mezcla que se ha preparado antes, dándoles la vuelta hasta que queden bien cubiertos. Luego sacar los filetes y eliminar el exceso de mezcla.

3   Cada filete se prepara por separado. Sumergir un filete en aceite medianamente caliente, dejarlo durante 2 min o hasta que adquiera un tono dorado, esté crujiente y completamente hecho. Sacarlo del aceite con una espumadera. Eliminar el exceso de aceite con papel de cocina y mantenerlo caliente mientras se cocinan los otros filetes.

4   Echar de nuevo las cuñas de patatas en el aceite medianamente caliente. Dejarlas otros 2 min en el aceite o hasta que adquieran un tono dorado intenso y estén crujientes. Sacarlas del aceite con una espumadera y eliminar el exceso de aceite con papel de cocina. Las patatas se sirven junto con el pescado, con la salsa tártara o la mayonesa con zumo de limón.

Nota: Esta receta contiene ingredientes que hay que freír en aceite abundante, de modo que si un niño quiere cocinar este plato es necesario que participe un adulto durante su preparación.

croquetas de pescado

4 PERSONAS

700 g (1,9 lb) de patatas, peladas y cortadas en cuatro trozos

2 cucharadas de aceite vegetal

500 g (1,2 lb) de filetes de pescado blanco sin espinas

1 puerro (sólo la parte blanca) picado

2 dientes de ajo picados

30 g (1 oz) de cebolleta

Trozos de limón para servir

1 Poner la patata en un cazo. Llenarlo con agua fría y dejar que hierva durante 15 min o hasta que la patata se ablande. Secarla bien y hacer puré con un tenedor.

2 Mientras tanto, calentar 2 cucharaditas de aceite en una sartén grande antiadherente a fuego medio. Añadir los filetes de pescado y dejar que se cocinen 3 o 4 min por cada lado o hasta que el pescado esté hecho. Retirar los filetes del fuego y dejar que se enfríen. Desmenuzar el pescado con un tenedor.

3 Calentar otras 2 cucharaditas de aceite en la misma sartén a fuego medio. Cocinar el puerro y el ajo, removiendo con frecuencia, durante 5 o 6 min o hasta que el puerro se ablande. Retirarlos del fuego y ponerlos en un plato.

4 Mezclar en un cuenco grande el puré de patata con el pescado desmenuzado, la mezcla del puerro y la cebolleta. Dar forma a 8 croquetas que se colocarán en un plato. Tapar el plato y meterlo en la nevera durante 1 hora.

5 Calentar el aceite restante en una sartén a fuego medio. Freír las croquetas de pescado durante 3 o 4 min por cada lado hasta que adquieran un ligero tono dorado.

enchiladas de atún

8 UNIDADES

1 cucharada de aceite de oliva suave

1 cebolla, picada muy fina

3 dientes de ajo picados

2 cucharaditas de comino en polvo

125 ml (4 onzas líquidas / ½ taza) de caldo de verduras

425 g (15 oz) de atún en escabeche de lata, sin el líquido

3 tomates, pelados, sin semillas y cortados en rodajas

1 cucharada de pasta de tomate (concentrado)

425 g (15 oz) de alubias de lata (mezcla de tres tipos de alubias)

2 cucharadas de hojas de cilantro picadas

8 fajitas o tortitas de harina para enchiladas

1 aguacate pequeño, cortado en trozos

125 g (4½ oz / ½ taza) de crema agria

1 puñado de ramitas de cilantro

115 g (4 oz / 2 tazas) de lechuga cortada en tiras

1 Precalentar el horno a 170° C (325° F / gas 3). Calentar el aceite en una sartén de fondo grueso a fuego medio. Añadir la cebolla y dejarla de 3 a 4 min o hasta que se ablande. Añadir el ajo y cocinar otros 30 segundos. Añadir el comino, el caldo de verduras, el atún, el tomate y la pasta de tomate, y dejar que se cocine durante 6 u 8 minutos o hasta que la mezcla se espese.

2 Escurrir y eliminar el líquido de la mezcla de las alubias. Añadir las alubias a la salsa y cocinar durante 5 min para que se caliente todo, luego añadir el cilantro picado.

3 Mientras tanto, envolver las fajitas o tortitas en papel de aluminio y calentarlas en el horno durante 3 o 4 min.

4 Colocar la tortita abierta en un plato, y con una cuchara extender por encima una buena cantidad de la mezcla con alubias. Poner encima un poco de aguacate, de crema agria, de ramitas de cilantro y de lechuga. Enrollar las enchiladas cerrando los bordes.

chile vegetariano

6 PERSONAS

130 g (4¹/₂ oz / ³/₄ de taza) de burgol
(trigo precocido)

2 cucharadas de aceite de oliva

1 cebolla picada muy fina

2 dientes de ajo picados

2 cucharaditas de comino en polvo

1 cucharadita de chile en polvo

¹/₂ cucharadita de canela en polvo

820 g (1,13 lb) de tomate triturado de lata

750 ml (26 onzas líquidas / 3 tazas) de caldo
de verduras

440 g (15¹/₂ oz) de alubias rojas de lata,
sin líquido

440 g (15¹/₂ oz) de garbanzos de lata,
sin líquido

315 g (11 oz) de granos de maíz de lata,
sin líquido

2 cucharadas de pasta de tomate
(concentrado)

Yogur natural para servir

1 Poner el burgol en un cuenco que resista el calor y verter 250 ml (9 onzas líquidas / 1 taza) de agua caliente. Dejar aparte hasta que se necesite.

2 Calentar el aceite en una olla grande y añadir la cebolla. Cocinar durante 10 min a fuego medio, removiendo cada cierto tiempo o hasta que se ablande y se dore ligeramente. Añadir el ajo, el comino, el chile y la canela, sofreír durante 1 min.

3 Añadir el burgol y el resto de ingredientes, excepto el yogur y remover para mezclarlo todo. Bajar la intensidad del fuego y dejar que se cocine a fuego lento durante 30 min. Servir con una cucharada de yogur.

repollo frito con patatas

DE 4 A 6 PERSONAS

150 g (5½ oz) de patatas hervidas

150 g (5½ oz) de calabaza hervida

50 g (1¾ oz / 1 taza) de repollo
hervido rallado

50 g (1¾ oz) de cabezuelas de
brócoli hervido

4 huevos, batidos

2 cebollinos

20 g (¾ oz) de mantequilla sin sal

1 Poner las verduras en un cuenco y mezclarlas bien
con el huevo y los cebollinos.

2 Derretir la mantequilla en una sartén grande y añadir
la mezcla de verduras. Cocinar a fuego medio hasta
que la parte inferior se dore, entonces partirla en
cuatro partes y darle la vuelta. Freír la mezcla un poco
más de tiempo, hasta que se dore y el huevo cuaje.

tofu con verduras y noodles

4 PERSONAS

Salsa marinada

3 cucharadas de salsa de ostras

3 cucharadas de salsa *hoisin*

2 cucharadas de salsa de soja

1 cucharada y media de azúcar
moreno suave

3 cucharaditas de jengibre fresco rallado

3 dientes de ajo picados

300 g (10½ oz) de tofu, seco y
cortado en cubitos

300 g (10½ oz) de fideos finos tipo
noodle de huevo

1 cucharadita de aceite vegetal

4 chalotes asiáticos, cortados
en rodajas finas

1 pimiento rojo pequeño, sin semillas y
cortado en rodajas finas

200 g (7 oz) de guisantes dulces, sin vaina

400 g (14 oz) de brócoli cortado en trozos
de 5 cm (2 in) de largo

125 ml (4 onzas líquidas / ½ taza) de caldo
de verduras o agua

1 Mezclar los ingredientes del marinado en un cuenco no metálico. Añadir el tofu y removerlo todo con cuidado. Taparlo y guardarlo en la nevera durante al menos 30 min.

2 Cocinar los *noodles* siguiendo las instrucciones y escurrirlos en un colador. Cortarlos con unas tijeras para que queden más cortos.

3 Calentar el aceite en un *wok* grande. Añadir los chalotes y el pimiento y sofreír durante 2 min o hasta que se ablanden un poco. Añadir los guisantes, el brócoli y el caldo. Tapar y cocinar durante 2 o 3 min o hasta que las verduras se ablanden, removiendo cada cierto tiempo.

4 Añadir el tofu con el marinado y los *noodles*. Mezclar poco a poco y remover hasta que esté todo caliente. Servir de inmediato.

tortilla de puerro y queso

6 PERSONAS

2 cucharadas de aceite de oliva

3 puerros (sólo la parte blanca) cortados en rodajas muy finas

2 calabacines cortados en rodajas muy finas

1 diente de ajo picado

5 huevos poco batidos

4 cucharadas de queso parmesano rallado

4 cucharadas de queso suizo cortado en cubitos

1 Calentar 1 cucharada de aceite de oliva en una sartén pequeña. Añadir el puerro y cocinar, removiendo, a fuego lento hasta que se ablande un poco. Tapar y dejar que el puerro se cocine durante 10 min, removiendo cada cierto tiempo. Añadir el calabacín y el ajo y cocinar durante otros 10 min. Pasar la mezcla a un cuenco. Dejar que se enfríe, y sazonar con pimienta. Añadir los huevos y los dos tipos de queso y removerlo todo bien.

2 Calentar el aceite restante en la sartén y añadirle la mezcla con huevo de forma uniforme. Cocinar a fuego lento durante 15 min o hasta que la tortilla cuaje.

3 Colocar la sartén en una parrilla caliente de 3 a 5 min o hasta que la parte de arriba cuaje y adquiera un tono dorado. Dejar que la tortilla repose durante 5 min antes de cortarla en trozos para servirla. Servir con un poco de ensalada.

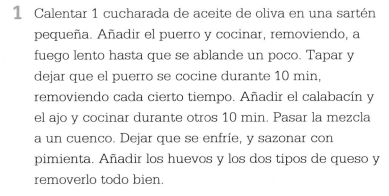

comerse las
verduras

espárragos trigueros con queso parmesano

2-4 PERSONAS

155 g (5½ oz) de espárragos
Aceite de oliva, para salpicar por encima
Queso parmesano rallado para servir

1 Doblar con delicadeza la base de cada
espárrago para quitar el extremo.

2 Colocar los espárragos en una sartén
grande y verter suficiente agua
caliente como para cubrirlos. Tapar la
sartén y cocinar los espárragos
durante 2 min o hasta que adquieran
un color verde brillante y se ablanden.
Escurrirlos bien.

3 Salpicar por encima un poco de aceite
de oliva y algo de queso parmesano
rallado antes de servirlos.

ensalada césar

4 PERSONAS

4 rebanadas de pan blanco sin corteza y cortado a dados

3 lonchas de bacón

2 lechugas romanas pequeñas o 1 grande

50 g (1³/₄ oz) de virutas de queso parmesano

Alioli

4 anchoas, cortadas en trozos

1 yema de huevo

2 cucharadas de zumo de limón

1 diente de ajo picado

125 ml (4 onzas líquidas / ¹/₂ taza) de aceite de oliva

1 Precalentar el horno a 190° C (375° F / gas 5). Poner los dados de pan en una bandeja para horno y hornear durante 10 min o hasta que adquieran un tono dorado.

2 Freír las lonchas de bacón en una sartén a fuego medio hasta que queden crujientes. Eliminar el exceso de aceite con papel de cocina. Poner las hojas de lechuga en un cuenco para ensalada con los dados de pan, el bacón y el queso parmesano.

3 Para preparar el aliño hay que batir las anchoas, la yema de huevo, el zumo de limón y el ajo en la batidora o en la licuadora. Batir durante 20 segundos o hasta que se mezcle todo sin que queden grumos. Añadir aceite, dejando caer un chorro fino pero continuo hasta que el aliño adquiera una consistencia cremosa. Verter en pequeñas cantidades sobre la ensalada.

ensalada griega

4 PERSONAS

1 pimiento verde

150 g (5¹/₂ oz) de queso feta

2 tomates grandes o 3 tomates pequeños madurados en planta, cortados en forma de cuña

1 pepino (pequeño) cortado en rodajas

1 cebolla roja pequeña, cortada en finas rodajas (opcional)

60 g (2¹/₄ oz / ¹/₃ de taza) de aceitunas *kalamata*

2 o 3 cucharadas de zumo de limón

3 o 4 cucharadas de aceite de oliva

1 Cortar el pimiento a lo largo por la mitad y retirar todas las semillas blancas y las membranas. Cortar la carne del pimiento en cuadraditos.

2 Cortar el queso feta en cubitos.

3 Mezclar el pimiento, el queso, el tomate, el pepino, la cebolla y las aceitunas en un cuenco grande. Salpicar el zumo de limón y el aceite por encima. Sazonar con sal y pimienta. Remover todo bien y listo para servir.

ensalada mixta

4 PERSONAS

1 lechuga hoja de roble

100 g (3¹/₂ oz) de rúcula

1 pimiento rojo pequeño

250 g (9 oz) de tomatitos *cherry*, cortados en forma de cuña

1 pepino, cortado en finas rodajas

2 o 3 cucharadas de cebollinos picados

Vinagreta

3 cucharadas de aceite de oliva

2 o 3 cucharadas de vinagre blanco o zumo de limón

1 cucharadita de azúcar

1 Cortar las hojas de lechuga y la rúcula en trozos y colocarlos en un cuenco grande para ensalada.

2 Cortar el pimiento a lo largo por la mitad, retirar todas las semillas y membranas y cortarlo en tiras finas.

3 Mezclar el pimiento, el tomate, el pepino y los cebollinos en un cuenco junto con la lechuga y la rúcula.

4 Para preparar la vinagreta hay que batir el aceite, el vinagre y el azúcar en un cuenco pequeño. Sazonar con un poco de sal y pimienta. Verter la vinagreta sobre la ensalada justo antes de servirla.

croquetas de patata hervida

4 PERSONAS

2 patatas

Aceite para freír

1 Llenar un cazo con agua y dejar que hierva. Pelar las patatas y cortarlas por la mitad.

2 Meter las patatas en el cazo. Cuando el agua empiece a hervir dejarlas durante 10 min o hasta que, al pincharlas con un cuchillo, estén blandas.

3 Escurrir las patatas y dejar que se enfríen lo suficiente como para tocarlas. Rallar las patatas, colocarlas en un cuenco y sazonar con sal y pimienta. Mezclar todo bien.

4 Dar forma a las patatas ralladas para que parezcan croquetas grandes o empanadas de unos 10 cm (4 in).

5 Calentar suficiente aceite para cubrir el fondo de la sartén y freír las croquetas durante unos minutos por todos los lados o hasta que queden doradas y crujientes. Eliminar el exceso de aceite con papel de cocina.

pisto (ratatouille)

6 PERSONAS

2 cucharadas de aceite de oliva

1 cebolla grande, picada

2 dientes de ajo picados

3 berenjenas medianas

3 calabacines pequeños

1 pimiento verde

1 pimiento rojo

3 tomates grandes cortados en trozos

1 puñado de albahaca picada

1. Calentar el aceite en un cazo grande y añadir la cebolla. Cocinar a fuego medio durante 10 min o hasta que se dore. Añadir el ajo y cocinar durante 1 min más.

2. Mientras tanto, hay que cortar las berenjenas y los calabacines en rodajas muy finas.

3. Retirar las semillas y las membranas de los pimientos y cortarlos en cuadraditos.

4. Poner todas las verduras en una sartén. Cocinar, removiendo con frecuencia, durante unos 5 min. Reducir la intensidad del fuego, tapar la sartén y dejar cocinando a fuego bajo durante 15 min, removiendo cada cierto tiempo. Quitar la tapa, subir la intensidad del fuego y cocinar durante otros 5 min. Remover y mezclarlo con la albahaca.

ensalada de patata

4 PERSONAS

600 g (1 lb y 5 oz) de patatas

1/2 cebolla roja pequeña, picada muy fina

2 o 3 tallos de apio, picados muy fino

1 pimiento verde pequeño, cortado en trozos

2 cucharadas de perejil picado muy fino

Alioli

185 g (6 1/2 oz / 3/4 de taza) de mayonesa

1 o 2 cucharadas de vinagre blanco o zumo de limón

2 cucharadas de crema agria

1. Limpiar y pelar las patatas. Cortarlas en trozos pequeños. Cocinarlas en una olla grande con agua hirviendo durante 5 min o hasta que se ablanden. Secarlas y dejar que se enfríen.

2. Mezclar la cebolla, el apio, el pimiento y el perejil en un cuenco grande. Añadir las patatas que ya se han enfriado.

3. Para preparar el aliño hay que mezclar la mayonesa, el vinagre o el zumo y la crema agria. Sazonar con sal y pimienta.

4. Verter el aliño sobre las patatas y remover un poco para mezclarlo todo.

guiso de patata con nata, mantequilla y queso cheddar

4 PERSONAS

500 g (1 lb y 2 oz) de patatas

170 ml (5 1/2 onzas líquidas /2/3 de taza) de leche

125 ml (4 onzas líquidas / 1/2 taza) de nata

60 g (2 1/4 oz / 1/2 taza) de queso *cheddar* rallado

20 g (3/4 oz) de mantequilla

1. Precalentar el horno a 180° C (350° F / gas 4). Untar con un pincel mantequilla derretida o aceite en una bandeja para horno de 20 cm (8 in) de profundidad.

2. Pelar las patatas y cortarlas en rodajas finas. Colocar las rodajas en la bandeja formando capas, superponiéndolas ligeramente.

3. Mezclar la leche con la nata y verter la mezcla por encima de las patatas.

4. Espolvorear el queso uniformemente por encima de las patatas y luego esparcir la mantequilla. Hornear durante 45 min o hasta que la patata se ablande y la parte de arriba adquiera un tono dorado.

sofrito chino de verduras

4 PERSONAS

300 g (10½ oz) de *bok choy* (repollo chino)

100 g (3½ oz) de judías verdes redondas

2 cebolletas

150 g (5½ oz) de brócoli

1 pimiento rojo

2 cucharadas de aceite

2 dientes de ajo picados

2 cucharaditas de jengibre fresco rallado

1 cucharada de aceite de sésamo

2 cucharaditas de salsa de soja

1 Limpiar el repollo y eliminar los tallos gruesos. Cortar las hojas en tiras anchas.

2 Cortar las judías en trozos de 5 cm (2 in) de largo y cortar en rodajas las cebolletas en diagonal. Cortar el brócoli en pequeñas cabezuelas y cortar el pimiento en finas tiras.

3 Calentar el aceite en una sartén grande o en un *wok*. Añadir el ajo y el jengibre y cocinar a fuego medio durante 30 segundos, removiendo constantemente.

4 Añadir las judías, las cebolletas y el brócoli, y sofreír durante 3 min. Añadir el pimiento y sofreír otros 2 min. Luego añadir el repollo y remover durante 1 min más. Remover en el aceite de sésamo y en la salsa de soja y mezclarlo todo bien. Servir inmediatamente.

zanahorias con miel

4 PERSONAS

2 zanahorias

30 g (1 oz) de mantequilla

1 cucharada de miel

1 Pelar las zanahorias y cortarlas en rodajas finas. Hervir o cocinar al vapor las zanahorias durante unos 3 min o hasta que se ablanden. Escurrirlas bien con el colador y ponerlas en la sartén.

2 Añadir mantequilla y miel y mezclarlo todo a fuego medio hasta que la mantequilla se derrita y las zanahorias queden cubiertas.

coliflor con queso

4 PERSONAS

500 g (1,2 lb) de coliflor, cortada en cabezuelas

30 g (1 oz) de mantequilla

3 cucharaditas de harina

185 ml (6 onzas líquidas / 3/4 de taza) de leche

60 g (2 1/4 oz / 1/2 taza) de queso *cheddar* rallado

25 g (1 oz / 1/3 de taza) de pan rallado fresco

1 Cocinar la coliflor al vapor o en el microondas durante unos pocos minutos hasta que se ablande. Colocar la coliflor cocinada en una bandeja para horno poco profunda.

2 Derretir la mantequilla en un cazo pequeño. Añadir la harina y cocinar, removiendo durante 1 min o hasta que se dore.

3 Añadir la leche poco a poco, ir removiendo cada vez que se echa más y procurar que no queden grumos.

4 Cuando ya se haya añadido toda la leche calentar a fuego medio y remover hasta que la salsa hierva y se espese. Cocinar a fuego lento durante 1 min, sin dejar de remover.

5 Retirar el cazo del fuego y añadir casi todo el queso, pero guardar un par de cucharadas para después. Remover bien hasta que el queso se haya derretido.

6 Servir la salsa por encima de la coliflor. Espolvorear el resto del queso junto con el pan rallado.

7 Poner bajo una parrilla caliente durante unos minutos, hasta que el queso de la parte superior se derrita y el pan rallado se dore.

pimientos rellenos

4 PERSONAS

4 pimientos rojos pequeños

110 g (3³/₄ oz / ¹/₂ taza) de arroz blanco de grano corto

1 cucharada de aceite de oliva

1 cebolla, picada muy fina

2 dientes de ajo picados

1 tomate, cortado en trozos

125 g (4¹/₂ oz / 1 taza) de queso *cheddar* rallado muy fino

25 g (1 oz / ¹/₄ taza) de queso parmesano rallado muy fino

1 puñado de albahaca picada

1 puñado de perejil picado

1 Precalentar el horno a 180° C (350° F / gas 4). Cortar la parte superior de los pimientos, y limpiar las semillas y las membranas.

2 Cocinar el arroz en una olla grande con agua hirviendo hasta que se ablande. Escurrir bien con un colador y dejar aparte para que se enfríe.

3 Calentar el aceite en una sartén y freír la cebolla durante unos minutos hasta que quede ligeramente dorada. Añadir el ajo y freír durante 1 min más.

4 Añadir la cebolla y el ajo al arroz, junto con el resto de los ingredientes. Mezclarlo todo bien y sazonar con sal y pimienta.

5 Con una cuchara rellenar los pimientos con el arroz y colocar los pimientos rellenos en la bandeja del horno. Hornear durante 30 min o hasta que los pimientos se ablanden y el relleno de la parte de arriba se dore.

champiñones rellenos

DE 4 A 6 PERSONAS

8 champiñones grandes o 12 pequeños

2 cucharadas de aceite de oliva

1 cebolla pequeña, picada muy fina

4 lonchas de bacón, cortadas en trozos

80 g (2³/₄ oz / 1 taza) de pan rallado fresco

1 cucharada de perejil picado

65 g (2¹/₄ oz / ²/₃ de taza) de queso parmesano rallado

1 Precalentar el horno a 180° C (350° F / gas 4). Untar con un pincel con mantequilla derretida o con aceite la bandeja para horno.

2 Retirar los tallos de los champiñones y picar los tallos en trozos muy finos.

3 Calentar el aceite en una sartén. Añadir la cebolla y el bacón y cocinar hasta que el bacón se dore un poco. Añadir los tallos picados de los champiñones y cocinar durante 1 min.

4 Pasar la mezcla a un cuenco. Añadir el pan rallado, el perejil y el queso parmesano y luego remover para mezclarlo todo.

5 Colocar los champiñones en la bandeja para horno y rellenarlos con la mezcla usando una cuchara. Hornear durante 20 min o hasta que los champiñones se ablanden y el relleno se dore. Servir inmediatamente.

postres pegajosos

crumble de pera y frambuesa

6 PERSONAS

6 peras grandes

2 cucharadas de azúcar extrafino

3 anises estrellados

125 g (4¹/₂ oz / 1 taza) de frambuesas

125 g (4¹/₂ oz / 1 taza) de harina

95 g (3¹/₄ oz / ¹/₂ taza) de azúcar moreno suave

100 g (3¹/₂ oz) de mantequilla sin sal, cortada en cubos

Helado para acompañar

1 Precalentar el horno a 190° C (375° F / gas 5). Pelar y cortar en cuatro trozos las peras. Quitarles las pepitas del centro y cortar cada trozo a lo largo por la mitad. Colocar todos los trozos en una olla grande y espolvorear el azúcar por encima. Añadir 1 cucharada de agua y el anís estrellado. Taparlo y dejar que hierva.

2 Cocinar, con la tapa puesta, a fuego medio-bajo durante 10 min, removiendo cada cierto tiempo, hasta que la fruta se ablande pero sin que pierda la forma. Escurrir los trozos de pera en un colador y eliminar el anís estrellado. Poner los trozos en una bandeja grande para horno o en seis moldes individuales de 250 ml (9 onzas líquidas / 1 taza) de capacidad. Colocar las frambuesas encima de los trozos de pera.

3 Mezclar la harina, el azúcar y la mantequilla en un cuenco. Con las yemas de los dedos mezclar la mantequilla con la harina, hasta que tenga un aspecto similar a la miga de pan. Poner encima de la fruta y luego hornearlo durante 20 o 25 min, hasta que adquiera un tono dorado. Dejar 5 min más y luego servir con el helado.

pavlova

DE 6 A 8 PERSONAS

4 claras de huevo

½ cucharadita de *crémor* tártaro

230 g (8 oz / 1 taza) de azúcar extrafino

2 cucharadas de azúcar *glass*

375 ml (13 onzas líquidas / 1½ taza) de nata

Plátanos, frambuesas y arándanos para acompañar

Pulpa de 2 frutas de la pasión (maracuyá) para decorar

1 Precalentar el horno a 150° C (300° F / gas 2). Cubrir una bandeja con papel para hornear. Dibujar en el papel un círculo de 20 cm (8 in) de diámetro.

2 Con una batidora eléctrica batir las claras en un cuenco grande, hasta que se formen picos suaves. Añadir el *crémor* tártaro y poco a poco ir añadiendo el azúcar extrafino, batiéndolo todo bien tras añadir cada ingrediente. Seguir batiendo hasta que la mezcla quede espesa y brillante y el azúcar se haya disuelto del todo. Añadir el azúcar *glass* y batir.

3 Para comprobar si el azúcar se ha disuelto, frotar una pequeña cantidad de la mezcla entre los dedos. La sensación debería ser ligeramente arenosa, pero si es muy arenosa entonces hay que seguir batiendo unos minutos más.

4 Extender el merengue por la bandeja, dentro del círculo que se ha dibujado en el papel. Hornear durante 40 min.

5 Montar la nata hasta que aparezcan picos suaves. Cortar el plátano en rodajas. Decorar la *pavlova* con nata y fruta natural. Extender con una cuchara la pulpa de fruta de la pasión por encima de la *pavlova* y servir de inmediato.

manzanas al horno

4 PERSONAS

4 manzanas para cocinar

80 g (2¾ oz / ⅓ de taza) de azúcar
moreno suave

1 cucharada y media de pasas picadas

½ cucharadita de canela en polvo
(opcional)

20 g (¾ oz) de mantequilla sin sal

Yogur o nata para servir

1. Precalentar el horno a 220° C (425° F / gas 7). Vaciar el centro de las manzanas y hacer pequeños cortes en la piel alrededor del centro.

2. Mezclar en un cuenco el azúcar, las pasas y la canela (si se usa).

3. Colocar cada una de las manzanas sobre un trozo de papel de aluminio y rellenar cada manzana con la mezcla anterior. Extender un poco de mantequilla por encima de las manzanas y luego envolverlas con el papel de alumnio.

4. Hornear durante 35 min o hasta que queden hechas. Servir con yogur o nata.

pudín de pan y mantequilla

4 PERSONAS

Mantequilla para untar

6 rebanadas de pan

750 ml (26 onzas líquidas / 3 tazas) de leche

¹/₄ de cucharadita de cáscara de limón

110 g (3³/₄ oz / ¹/₂ taza) de azúcar

4 huevos

125 g (4¹/₂ oz / ²/₃ de taza) de frutos secos variados (pasas sultanas / de California sin semillas, pasas orejones en trozos, pasas moscatel, mezcla de cáscaras / ralladuras caramelizadas de diversos cítricos)

1 Precalentar el horno a 180° C (350° F /gas 4). Untar con mantequilla una bandeja grande para horno o cuatro moldes individuales. Untar el pan con mantequilla y quitar la corteza.

2 Calentar la leche en un cazo y añadir la cáscara de limón. Dejar que hierva, taparlo y retirarlo del fuego, dejando la leche en reposo durante 10 min. Batir el azúcar con los huevos y luego colar la leche con un colador sobre los huevos. Mezclarlo todo bien.

3 Esparcir la mitad de los frutos secos por el fondo de la bandeja para horno y colocar la mitad del pan, con los laterales untados con mantequilla hacia abajo, en la parte de arriba. Verter la mitad de la crema de leche y luego repetir la operación con el resto de la fruta, el pan y la crema.

4 Colocar la bandeja o los moldes individuales en una bandeja grande para el horno. Verter agua en la bandeja más grande hasta que llegue a la mitad o en moldes de mayor tamaño (al baño maría). Hornear durante 35 min.

gelatina de fruta

6 PERSONAS

1 cucharada de gelatina en polvo

375 ml (13 onzas líquidas / 1½ taza) de zumo de frutas sin azúcar

200 g (7 oz / ³/₄ de taza) de concentrado de fruta fresca o seca enlatada con zumo natural

1 Espolvorear la gelatina sobre 125 ml (4 onzas líquidas / ¹/₂ taza) de agua fría en un cazo pequeño. Calentarlo, añadir el zumo de fruta y volverlo a calentar.

2 Verterlo en un cuenco y dejarlo hasta que empiece a espesar. Remover bien mientras se va añadiendo el concentrado de fruta y mezclarlo todo.

3 Verterlo en seis cuencos o en vasos pequeños y dejarlo en la nevera hasta que la gelatina esté lista.

mousse de miel y chocolate

4 PERSONAS

150 ml (5^1/$_2$ onzas líquidas) de nata

300 g (10^1/$_2$ oz) de chocolate negro o con leche de buena calidad, cortado en trozos

3 huevos, separar yemas y claras

2 chocolatinas rellenas de miel, troceadas

1   Verter la nata en un cazo de fondo grueso y ponerlo a fuego medio. Retirar del fuego justo antes de que la nata empiece a hervir.

2   Añadir el chocolate troceado, remover hasta que el chocolate se derrita y mezclarlo todo bien. Verterlo en un cuenco grande y dejarlo aparte para que se enfríe durante unos minutos.

3   Con la batidora eléctrica batir las yemas de huevo, mezclándolas con el chocolate y seguir batiendo durante 1 o 2 min. Dejarlo aparte para que se enfríe durante unos minutos.

4   Poner las claras de huevo en un cuenco limpio y batirlas hasta que se formen picos consistentes. Ir mezclando con el chocolate utilizando una cuchara grande de metal. Servir la mezcla con la cuchara en cuatro cuencos o en moldes pequeños de 125 ml (4 onzas líquidas / ^{1}/$_2$ taza) de capacidad y luego dejarlos en la nevera toda la noche. Servirlo con chocolatinas con miel por encima.

tartaletas de queso y limón

12 UNIDADES

250 g (9 oz) de galletas integrales de miel o digestivas

1 cucharadita y media de la mezcla de especias de pastel de calabaza (una mezcla de canela, jengibre, nuez moscada, clavo, pimienta inglesa y macís)

125 g (4½ oz) de mantequilla sin sal, derretida

Relleno

375 g (13 oz) de crema de queso

1 cucharada de cáscara de limón rallada

2 cucharaditas de extracto de vainilla

400 g (14 oz) de leche condensada

4 cucharadas de zumo de limón

1 Untar con mantequilla derretida o aceite 12 moldes de magdalenas. Cubrir cada molde con 2 tiras de papel para hornear.

2 Con el robot de cocina desmigar las galletas hasta que quede una pasta fina. Añadir las especias y la mantequilla derretida, y usar el robot de cocina para mezclarlo todo bien.

3 Presionar la mitad de la masa hecha con migas de galletas en la base de los moldes de magdalenas. Presionar el resto de la masa en los laterales de los moldes. Utilizar un vaso con fondo plano para terminar de colocar la masa en su sitio y compactarla bien. Luego colocar los moldes en la nevera.

4 Para preparar el relleno hay que batir la crema de queso con una batidora eléctrica hasta que quede cremosa y sin grumos. Añadir la ralladura de cáscara de limón y el extracto de vainilla. Mezclar todo bien y luego poco a poco ir añadiendo la leche condensada y el zumo de limón mientras se bate. Seguir batiendo durante 5 min o hasta que la mezcla quede sin grumos.

5 Verter el relleno dentro de las tartaletas hechas con la masa de miga de galletas y alisar la parte superior. Dejar las tartaletas en la nevera toda la noche. Luego sacarlas de los moldes utilizando las tiras de papel para hornear.

pudín de mermelada

6 PERSONAS

160 g (5³⁄₄ oz / ¹⁄₂ taza) de mermelada de fresa

60 g (2¹⁄₄ oz) de mantequilla sin sal

115 g (4 oz / ¹⁄₂ taza) de azúcar extrafino

1 huevo

225 g (8 oz / 1³⁄₄ tazas) de harina

1 cucharadita de levadura en polvo

125 ml (4 onzas líquidas / ¹⁄₂ taza) de leche

1 Untar con mantequilla seis moldes individuales para pudín o un cuenco de 1 litro (35 onzas líquidas / 4 tazas) de capacidad. Extender la mermelada por la base.

2 Batir la mantequilla, el azúcar y el huevo hasta que la mezcla quede cremosa y sin grumos. Tamizar la harina y la levadura en polvo, añadir la leche y mezclarlo todo bien. Extender la masa con cuidado por encima de la mermelada de cada molde.

3 Hacer una tapa para cada molde con papel de aluminio. Presionar los laterales para sellar cada molde. Preparar asas con trozos de cuerda para cada molde.

4 Colocar los moldes de pudín en una olla grande. Verter suficiente agua caliente dentro de la olla como para que cubra un tercio de los moldes. Tapar la olla y cocinarla a fuego bajo durante 1 hora. Seguir cubriendo con agua.

5 Cortar con un cuchillo el borde de la tapa de papel de aluminio de cada pudín. Volcarlo en un plato y servirlo.

delicia de limón

4 PERSONAS

60 g (2¼ oz) de mantequilla sin sal

170 g (6 oz / ¾ de taza) de azúcar extrafino

3 huevos, separar yemas y claras

1 cucharadita de ralladura de cáscara de limón

40 g (1½ oz / ⅓ de taza) de harina con levadura

185 ml (6 onzas líquidas / ¾ de taza) de leche

3 cucharadas de zumo de limón

1 Precalentar el horno a 180° C (350° F / gas 4). Untar con un poco de mantequilla derretida una bandeja para horno de 1 litro (35 onzas líquidas / 4 tazas) de capacidad o cuatro moldes individuales.

2 Batir en un cuenco grande la mantequilla con el azúcar, las yemas de huevo y la ralladura de cáscara de limón hasta que la mezcla quede ligera y cremosa. Batir mientras se añade la harina, la leche y el zumo de limón.

3 Batir las claras de los huevos en un cuenco hasta que se formen picos suaves. Seguir batiendo mientras se añade la mezcla de mantequilla y azúcar y luego verterlo en la bandeja o en los moldes. Hornear durante 30 o 40 min o hasta que adquiera un tono dorado.

delicia de lima ácida

4 PERSONAS

30 g (1 oz) de mantequilla

250 g (9 oz / 1 taza) de azúcar

1 cucharada de ralladura de cáscara de lima

2 huevos, separar yemas y claras

40 g (1½ oz / ⅓ de taza) de harina con levadura

150 ml (5 onzas líquidas) de leche desnatada

125 ml (4 onzas líquidas / ½ taza) de zumo de lima

1 Precalentar el horno a 180° C (350° F / gas 4). Untar con mantequilla derretida una bandeja para horno de 1 litro (35 onzas líquidas / 4 tazas) de capacidad o cuatro moldes individuales.

2 Batir la mantequilla con el azúcar y la ralladura de cáscara de lima en un cuenco grande hasta que la mezcla quede ligera y cremosa. Poco a poco añadir las yemas de huevo, batiendo bien cada vez que se añaden.

3 Batir la harina, la leche y el zumo de lima. Batir las claras de huevo en un cuenco hasta que se formen picos suaves. Seguir batiendo mientras se añade la mezcla de mantequilla y azúcar, y luego verterlo en la bandeja o en los moldes. Hornear durante 30 o 40 min o hasta que adquiera un tono dorado.

tortitas (pancakes)

12 UNIDADES APROXIMADAMENTE

125 g (4¹/₂ oz / 1 taza) de harina

1 pellizco de sal

1 huevo

310 ml (10³/₄ onzas líquidas / 1¹/₄ tazas) de leche

Zumo de limón y azúcar para espolvorear por encima

Nata o helado para acompañar

1 Tamizar la harina con la sal en un cuenco y hacer un agujero en el centro.

2 Añadir el huevo y la leche. Batir hasta que no tenga grumos. Dejar aparte durante 1 hora.

3 Calentar una sartén de unos 20 cm (8 in) con un poco de mantequilla o aceite. Verter 3 cucharadas de la masa preparada en la sartén y mover para que la masa se extienda uniformemente.

4 Levantar los bordes de la tortita con un cuchillo. Una vez tenga un tono dorado, darle la vuelta a la tortita y cocinar por el otro lado.

5 Salpicar un poco de zumo de limón y espolvorear el azúcar por encima de la tortita. Enrollarla y servirla caliente con nata montada o helado, según se prefiera.

pudín pegajoso de dátiles

6 PERSONAS

45 g (1½ oz / ½ taza) de coco rallado y seco

115 g (4 oz / ½ taza) de azúcar moreno suave

90 g (3¼ oz / ¾ de taza) de harina con levadura

30 g (1 oz / ¼ de taza) de harina

½ cucharadita de bicarbonato sódico

100 g (3½ oz) de mantequilla sin sal

90 g (3 oz / ¼ de taza) de sirope de caramelo o miel

185 g (6½ oz / 1 taza) de dátiles cortados en trozos

3 cucharadas de zumo de naranja

2 huevos, poco batidos

Sirope

80 g (2¾ oz) de mantequilla sin sal

55 g (2 oz / ¼ de taza) de azúcar moreno suave

250 ml (9 onzas líquidas / 1 taza) de nata

2 cucharadas de sirope de caramelo o miel

1 Precalentar el horno a 180° C (350° F / gas 4). Con un pincel o una brocha untar con mantequilla derretida o aceite los pequeños moldes para pudín.

2 Mezclar 2 cucharadas de coco rallado y 2 cucharadas de azúcar moreno, y espolvorear la mezcla sobre los moldes.

3 Tamizar las diferentes harinas y el bicarbonato en un cuenco. Añadir el resto de coco rallado y hacer un agujero en el centro.

4 Mezclar en un cazo el resto de azúcar, la mantequilla, el sirope de caramelo, los dátiles y el zumo de naranja. Remover a fuego medio hasta que se derrita la mantequilla.

5 Con una cuchara de metal batir la mezcla de dátiles con los ingredientes secos. Añadir los huevos y remover hasta que todo quede sin grumos.

6 Verter esta mezcla en los moldes de pudín y hornear durante 35 min. Dejar los moldes en reposo durante 5 min antes de darles la vuelta.

7 Para preparar la salsa hay que mezclar todos los ingredientes en un cazo. Remover a fuego bajo hasta que el azúcar y la mantequilla se hayan disuelto. Remover durante 2 min más y luego servir sobre el pudín caliente.

bizcocho de plátano

6 PERSONAS

125 g (4¹/₂ oz) de mantequilla sin sal

185 g (6¹/₂ oz / ³/₄ de taza) de azúcar extrafino

1 huevo

250 g (9 oz / 2 tazas) de harina

2 cucharaditas de levadura en polvo

185 ml (6 onzas líquidas /³/₄ de taza) de leche

1 plátano grande, hecho puré

75 g (2¹/₂ oz) de mantequilla sin sal, derretida

95 g (3¹/₄ oz / ¹/₂ taza) de azúcar moreno suave

260 g (9¹/₄ oz / 1 taza) de piña envasada sin líquido, troceada

Nata para acompañar

1 Precalentar el horno a 180° C (350° F / gas 4). Untar con mantequilla o aceite seis pequeños moldes individuales para bizcocho o de unos 20 cm (8 in).

2 Batir la mantequilla, el azúcar y el huevo hasta que no queden grumos. Tamizar la harina y la levadura en polvo. Mezclar bien y luego añadir la leche y el puré de plátano.

3 Untar la mantequilla derretida en la base de cada molde, luego espolvorear el azúcar moreno uniformemente.

4 Extender los trozos de piña sobre el azúcar. Verter la mezcla sobre la parte superior. Hornear durante 40 o 45 min.

5 Desmoldar sobre un plato, servir caliente con la nata.

sirope de caramelo

DE 6 A 8 PERSONAS

100 g (3$^1/_2$ oz) de mantequilla sin sal

185 g (6$^1/_2$ oz /1 taza) de azúcar moreno suave

125 ml (4 onzas líquidas) de nata

1   Mezclar todos los ingredientes en un cazo pequeño. Remover a fuego medio hasta que no haya grumos. Dejar que hierva, reducir la intensidad del fuego y cocinar a fuego lento durante 2 min.

sirope de fresa

8 PERSONAS

250 g (9 oz) de fresas

2 cucharadas de azúcar extrafino

1 cucharada de zumo de naranja o de limón

1   Poner las fresas, el azúcar y el zumo en la batidora o en la licuadora y batirlo hasta que no queden grumos. Dejar que se enfríe en la nevera.

sirope de chocolate caliente

DE 6 A 8 PERSONAS

250 g (9 oz) de chocolate negro

170 ml (5$^1/_2$ onzas líquidas / $^2/_3$ de taza) de nata

2 cucharadas de sirope de caramelo o de miel

40 g (1$^1/_2$ oz) de mantequilla sin sal

1   Trocear el chocolate y ponerlo en un cazo con la nata, el sirope y la mantequilla. Remover a fuego lento hasta que el chocolate se haya derretido y la mezcla no tenga grumos. Servir inmediatamente.

helado de plátano

4 PERSONAS

4 plátanos grandes maduros cortados por la mitad a lo largo

8 bolas pequeñas de helado de vainilla

Sirope al gusto

Virutas de chocolate y caramelo para decorar

12 nubes (malvaviscos) blancas o rosas

40 g (1$^1/_2$ oz / $^1/_4$ de taza) de nueces picadas

1   Colocar las mitades de cada plátano en un plato alargado y poco profundo y luego añadir dos bolas de helado.

2   Verter por encima el sirope elegido. Decorar con las virutas de chocolate y de caramelo, las nubes y las nueces picadas y listo para servir.

galletas, pasteles y pastelitos

brownies de chocolate

UNAS 30 UNIDADES

40 g (1½ oz / ⅓ de taza) de harina

60 g (2¼ oz / ½ taza) de chocolate negro en polvo

440 g (15½ oz / 2 tazas) de azúcar

125 g (4½ oz / 1 taza) de pacanas y pistachos picados

250 g (9 oz) de chocolate negro troceado

250 g (9 oz) de mantequilla sin sal, derretida

2 cucharaditas de extracto de vainilla

4 huevos poco batidos

1 Precalentar el horno a 180° C (350° F / gas 4). Untar con mantequilla o aceite y revestir un molde rectangular de 20 x 30 cm (8 x 12 in). Tamizar la harina y el chocolate en polvo en un cuenco grande, añadir el azúcar y los frutos secos y mezclar todo muy bien. Ir removiendo mientras se añade el chocolate y hacer un hueco en el centro.

2 Añadir la mantequilla, el extracto de vainilla y los huevos. Remover hasta que quede bien mezclado.

3 Verter la mezcla en el molde y alisar la superficie. Hornear durante 45 min. Dejarlo enfriar en el molde antes de cortarlo en cuadrados.

galletas con trocitos de chocolate

UNAS 22 UNIDADES

185 g (6½ oz / 1½ tazas) de harina

125 g (4½ oz / 1 taza) de chocolate en polvo sin azúcar

280 g (10 oz / 1½ tazas) de azúcar moreno suave

180 g (6½ oz) de mantequilla sin sal

150 g (5½ oz) de chocolate negro troceado

3 huevos poco batidos

170 g (6 oz / 1 taza) de trocitos de chocolate negro

50 g (1¾ oz / ⅓ de taza) de trocitos de chocolate blanco

150 g (5½ oz) de frutos secos picados (pueden ser nueces de macadamia, pacanas, almendras, nueces de Brasil, nueces o pistachos)

1 Precalentar el horno a 180º C (350º F / gas 4). Cubrir dos bandejas para horno con papel.

2 Tamizar la harina y el chocolate en polvo en un cuenco e ir removiendo mientras se añade el azúcar. Hacer un agujero en el centro.

3 Calentar la mantequilla y el chocolate troceado en un cazo a fuego lento y remover.

4 Remover la mezcla de mantequilla y añadir los huevos y los ingredientes secos. Mezclar todo muy bien. Remover mientras se añaden los trocitos de chocolate blanco, negro y los frutos secos.

5 Llenar cucharadas bien cargadas de la mezcla y verterlas en las bandejas. Luego darles forma a cada una aplastándolas ligeramente con las yemas de los dedos.

6 Hornear durante 15 min. Dejar las galletas en las bandejas durante unos 5 min antes de pasarlas a una rejilla para que se enfríen.

muñecos de jengibre

UNAS 16 UNIDADES

125 g (4½ oz) de mantequilla sin sal

95 g (3¼ oz / ½ taza) de azúcar moreno suave

115 g (4 oz / ⅓ de taza) de sirope de caramelo o miel

1 huevo

250 g (9 oz / 2 tazas) de harina

40 g (1½ oz / ⅓ de taza) de harina con levadura

1 cucharada de jengibre en polvo

1 cucharadita de bicarbonato sódico

Glaseado

1 clara de huevo

½ cucharadita de zumo de limón

125 g (4½ oz / 1 taza) de azúcar *glass*

Colorantes artificiales para alimentos de varios colores

1 Cubrir dos bandejas para horno con papel para hornear. Batir la mantequilla, el azúcar y el sirope en un cuenco hasta que quede una mezcla ligera y cremosa. Añadirle el huevo y batirlo bien. Tamizar las harinas, el jengibre y el bicarbonato. Utilizar un cuchillo para mezclarlo.

2 Separar la masa en dos bolas. Amasarlas sobre donde antes hemos espolvoreado harina hasta que la masa quede sin grumos. Extender la masa entre dos hojas de papel para hornear hasta que tenga un grosor de unos 5 mm (¼ in). Poner la masa en la nevera durante 30 min. Precalentar el horno a 180° C (350° F / gas 4).

3 Cortar la masa dándole forma de hombrecitos o muñecos. Juntar lo que queda de masa, volverla a extender y cortar más muñecos. Hornear durante 10 min o hasta que queden dorados. Una vez se hayan enfriado, decorarlos con el glaseado.

4 Para preparar el glaseado batir la clara del huevo en un cuenco con una batidora eléctrica hasta que se formen picos suaves. Añadirle el zumo de limón y el azúcar *glass* y batirlo todo hasta que quede una pasta espesa y cremosa.

5 Repartir el glaseado en cuencos y añadirle el colorante para alimentos. Con una cuchara meter el glaseado en una manga pastelera para así decorar las galletas.

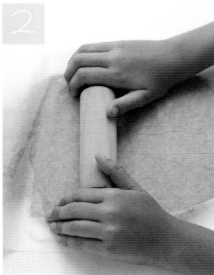

galletas anzac

UNAS 25 UNIDADES

200 g (7 oz / 2 tazas) de copos de avena

125 g (4¹/₂ oz / 1 taza) de harina

180 g (6¹/₂ oz / 2 tazas) de coco rallado y seco

350 g (12 oz / 1¹/₂ tazas) de azúcar extrafino

250 g (9 oz) de mantequilla sin sal

4 cucharadas de sirope de caramelo o miel

1 cucharadita de bicarbonato sódico

1 Precalentar el horno a 160º C (315º F / gas 2 – 3). Untar ligeramente con mantequilla o aceite dos bandejas para horno. Colocar los copos de avena, la harina, el coco y el azúcar en un cuenco grande y mezclarlo todo.

2 Derretir la mantequilla y el sirope de caramelo en un cazo, sin dejar de remover. Apagar el fuego.

3 Mezclar en una taza el bicarbonato de soda con 2 cucharadas de agua hirviendo. Añadir la mantequilla derretida. Verterlo todo en el cuenco y mezclarlo bien.

4 Con la cuchara hacer bolas de la masa resultante. Colocar las bolitas en las bandejas, dejando unos 5 cm (2 in) de separación entre cada una. Presionar un poco las bolitas con un tenedor. Hornear durante 20 min, cada bandeja por separado, hasta que las galletas queden doradas y crujientes.

momentos dulces

UNAS 45 UNIDADES

40 g (1¹/₂ oz / ¹/₃ de taza) de harina de maíz (maicena)

125 g (4¹/₂ oz / 1 taza) de harina

180 g (6¹/₂ oz) de mantequilla sin sal

40 g (1¹/₂ oz / ¹/₃ de taza) de azúcar *glass*

1 cucharadita de extracto de vainilla

100 g (3¹/₂ oz) de cerezas escarchadas, cortadas por la mitad

1 Precalentar el horno a 180º C (350º F / gas 4). Cubrir dos bandejas para horno con papel para hornear.

2 Tamizar la harina de maíz y la harina normal en un cuenco.

3 Poner en un bol hondo la mantequilla, el azúcar y la vainilla y batirlo con una batidora eléctrica hasta que la mezcla quede ligera y cremosa.

4 Con un cuchillo sin filo remover las diferentes harinas que hemos tamizado y mezclarlas con la masa hecha con mantequilla hasta que todo quede bien mezclado y la masa no tenga grumos.

5 Llenar cucharaditas con la mezcla y volcarlas sobre las bandejas, dejando espacio entre ellas para que crezcan.

6 Colocar encima de cada galleta la mitad de una cereza glaseada y hornearlas durante 15 min o hasta que la galleta quede crujiente y dorada.

7 Pasar las galletas a una rejilla para que se enfríen.

barritas de muesli

UNAS 18 BARRITAS

250 g (9 oz) de mantequilla sin sal

230 g (8 oz / 1 taza) de azúcar extrafino

2 cucharadas de miel

250 g (9 oz / 2½ tazas) de copos de avena

65 g (2¼ oz / ¾ de taza) de coco rallado y seco

30 g (1 oz / 1 taza) de copos de maíz, ligeramente triturados

45 g (1½ oz / ½ taza) de almendras troceadas

1 cucharadita de la mezcla de especias de pastel de calabaza (mezcla de canela, jengibre, nuez moscada, clavo, pimienta inglesa y macis)

90 g (3¼ oz / ½ taza) de orejones picados muy finos

125 g (4½ oz / 1 taza) de harina

180 g (6½ oz / 1 taza) de fruta seca variada

1 Precalentar el horno a 160° C (315° F / gas 2 – 3). Untar con mantequilla derretida o aceite usando un pincel o una brocha un molde para tartas de unos 23 cm (9 in) de fondo. Cubrir el molde con papel para hornear.

2 Poner la mantequilla, el azúcar y la miel en un cazo pequeño y remover a fuego bajo hasta que la mantequilla se haya derretido y el azúcar se haya disuelto.

3 Echar en un cuenco grande los copos de avena, el coco rallado, los copos de maíz, las almendras, las especias, los orejones, la harina y las frutas secas variadas y mezclarlo todo bien. Hacer un agujero en el centro.

4 Añadir la mezcla de mantequilla y azúcar y mezclarlo todo bien. Verter la masa resultante en el molde.

5 Hornear durante 30 o 45 min o hasta que adquiera un tono dorado. Con un cuchillo afilado hacer líneas para dividir las rebanadas, hasta separar 18 trozos pero no hay que cortar hasta la base. Dejarlo en el molde durante 15 min antes sacarlo y luego dejar que se enfríe en un tabla de cocina. Cortar las barritas una vez que se hayan enfriado.

barritas de caramelo

DE 18 A 20 BARRITAS

60 g (2¹/₄ oz / ¹/₂ taza) de harina

60 g (2¹/₄ oz / ¹/₂ taza) de harina con levadura

90 g (3¹/₄ oz / 1 taza) de coco rallado y seco

100 g (3¹/₂ oz) de mantequilla sin sal

115 g (4 oz / ¹/₂ taza) de azúcar moreno suave

Relleno

30 g (1 oz) de mantequilla sin sal

2 cucharadas de sirope de caramelo o miel

400 g (14 oz) de leche condensada azucarada

Crema para recubrir

150 g (5¹/₂ oz) de chocolate negro troceado

40 g (1¹/₂ oz) de mantequilla sin sal

1 Precalentar el horno a 180º C (350º F / gas 4). Cubrir un molde para bizcocho de 28 x 18 cm (11 x 7 in). Tamizar las harinas en un cuenco. Añadir el coco rallado, removerlo y hacer un hueco en el centro.

2 Mezclar la mantequilla y el azúcar en un cazo y remover a fuego lento hasta que se haya derretido la mantequilla. Verter sobre los ingredientes secos y remover bien hasta que quede todo mezclado.

3 Presionar la mezcla de forma uniforme en el molde con la parte posterior de una cuchara. Hornear durante 10 min y luego dejar que se enfríe.

4 Para preparar el relleno hay que mezclar la mantequilla, el sirope y la leche condensada en un cazo. Remover a fuego lento hasta que no queden grumos. Seguir removiendo durante 10 min. Verter sobre la base de la masa y hornear durante 20 min.

5 Para preparar la crema hay que colocar el chocolate y la mantequilla en un cuenco resistente al calor, ponerlo dentro de un cazo con un poco de agua a fuego lento. Remover hasta que no queden grumos.

6 Extender la crema sobre el caramelo y dejar que se asiente. Sacar la masa del molde y cortarla en barras o cuadrados.

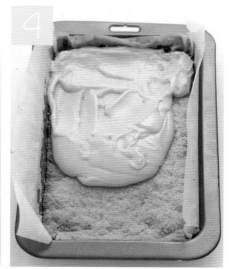

galletas con mermelada

UNAS 32 UNIDADES

80 g (2³/₄ oz) de mantequilla sin sal

80 g (2³/₄ oz / ¹/₃ de taza) de azúcar extrafino

2 cucharadas de leche

¹/₂ cucharadita de extracto de vainilla

125 g (4¹/₂ oz / 1 taza) de harina con levadura

40 g (1¹/₂ oz / ¹/₃ de taza) de natillas en polvo

2 cucharadas de mermelada de fresa

1 Precalentar el horno a 180° C (350° F / gas 4). Cubrir dos bandejas de horno con papel para hornear.

2 Batir la mantequilla y el azúcar con una batidora eléctrica en un cuenco pequeño hasta que la mezcla quede ligera y cremosa. Añadir la leche y el extracto de vainilla y batir hasta que quede todo mezclado.

3 Tamizar la harina y las natillas en polvo con la mezcla de la mantequilla y mezclarlo todo hasta obtener una masa suave.

4 Coger 2 cucharaditas de la masa y darles forma de bolita. Colocarlas en las bandejas de horno.

5 Presionarlas con el dedo o con el extremo de una cuchara de madera hasta hacer un pequeño hueco en cada bolita que se rellenará con ¹/₄ de cucharadita de mermelada.

6 Hornear las galletas durante 15 min y luego dejarlas sobre una rejilla para que se enfríen.

tarta de chocolate rocky road

UNAS 36 PORCIONES

25 g (1 oz / ¼ de taza) de coco
rallado y seco

100 g (3½ oz) de nubes (malvaviscos)
blancas

100 g (3½ oz) de nubes (malvaviscos) rosas

70 g (2½ oz / ½ taza) de frutos secos
variados sin sal

60 g (2¼ oz / ¼ de taza) de cerezas
escarchadas, cortadas por la mitad

375 g (13 oz) de bombones pequeños de
chocolate negro

1 Cubrir un molde para tartas de 28 x 18 cm (11 x 7 in)
con papel de aluminio. Espolvorear la mitad del coco
rallado sobre la base del molde.

2 Cortar las nubes por la mitad, colocarlas en el molde,
alternando los colores y dejando un poco de espacio
entre cada trozo. Espolvorear el resto del coco rallado,
los frutos secos y las cerezas entre los espacios libres
entre cada nube y en los bordes del molde.

3 Colocar el chocolate en un cuenco resistente al calor.
Poner el cuenco dentro de un cazo con agua a fuego
lento y remover hasta que el chocolate se derrita.
Dejar enfriar un poco. Verterlo sobre las nubes.

4 Hay que darle algunos golpecitos al molde para
repartir bien el chocolate. Dejar que se solidifique.
Una vez que el chocolate esté duro, cortarlo en trozos
con un cuchillo afilado.

hielo de coco

UNOS 30 TROZOS

310 g (11 oz / 2¹/₂ tazas) de azúcar *glass*

¹/₄ de cucharadita de *crémor* tártaro

1 clara de huevo, poco batida

3 cucharadas de leche condensada

155 g (5¹/₂ oz / 1³/₄ tazas) de coco rallado y seco

Colorante rosa para alimentos

1 Untar un molde rectangular con mantequilla derretida o aceite usando un pincel o una brocha. Cubrirlo con papel para hornear y untar el papel con mantequilla o aceite. Tamizar en un cuenco el azúcar *glass* y el *crémor* tártaro. Hacer un agujero en el centro.

2 Añadir a la mezcla la clara de huevo con la leche condensada. Agregar el coco. Mezclar hasta que quede todo bien combinado. Repartir la mezcla en dos cuencos. Teñir el contenido de uno de los cuencos con el colorante rosa. Amasar la mezcla con el colorante rosa para que el color se reparta.

3 Presionar la mezcla rosa en la base del molde. Cubrirlo con la mezcla de color blanco y presionar un poco hacia abajo. Dejar la masa en la nevera durante 1 hora o hasta que adquiera consistencia.

4 Una vez que esté firme hay que sacarla del molde y cortarla en cuadraditos.

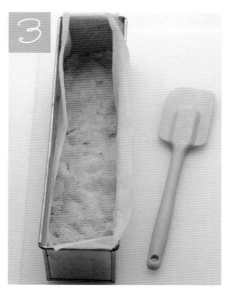

tarta de chocolate

DE 8 A 10 PERSONAS

125 g (4 1/2 oz) de mantequilla sin sal

170 g (6 oz / 3/4 de taza) de azúcar extrafino

3 huevos

1 cucharada de sirope de caramelo o miel

1 cucharadita de extracto de vainilla

185 g (6 1/2 oz / 1 1/2 tazas) de harina

1/2 cucharadita de levadura en polvo

1/4 de cucharada de bicarbonato de soda

3 cucharadas de chocolate en polvo sin azúcar

125 ml (4 onzas líquidas / 1/2 taza) de leche

Crema para cubrir

125 g (4 1/2 oz / 1 taza) de azúcar extrafino

1 cucharada y media de chocolate en polvo sin azúcar

20 g (3/4 oz) de mantequilla sin sal, suave

1. Precalentar el horno a 180° C (350° F / gas 4). Untar con mantequilla o aceite un molde para tartas de 20 cm (8 in) de profundidad. Cubrir el molde con papel para horno. Batir la mantequilla junto con el azúcar y los huevos hasta que quede sin grumos y cremosa.

2. Remover el sirope de caramelo y la vainilla. Tamizar y mezclar la harina, la levadura en polvo, el bicarbonato de soda y el chocolate. Mezclarlo con la leche.

3. Extender la masa de forma uniforme por el molde. Hornear durante 45 o 55 min.

4. Dejar reposar durante 10 min y luego sacarlo del molde y dejarlo enfriar.

5. Para preparar la crema hay que mezclar el azúcar extrafino, el chocolate y la mantequilla con un poco de agua caliente. Una vez quede una pasta uniforme y sin grumos, extenderla por encima de la tarta.

bollo inglés

12 UNIDADES

250 g (9 oz / 2 tazas) de harina con levadura

1 pellizco de sal

30 g (1 oz) de mantequilla sin sal

185 ml (6 onzas líquidas / $3/4$ de taza) de leche o suero de leche

más leche para el glaseado

mantequilla, mermelada y nata montada para decorar

1 Precalentar el horno a 210° C (415° F / gas 6 - 7). Untar una bandeja de horno con mantequilla derretida o aceite con un pincel o una brocha.

2 Tamizar la harina y la sal en un cuenco grande. Añadir la mantequilla y mezclarlo poco a poco utilizando las yemas de los dedos hasta que parezca miga de pan.

3 Hacer un agujero en el centro. Agregarle casi toda la leche y mezclarlo todo hasta conseguir una masa suave, si es necesario se puede añadir más leche.

4 Poner la masa en una superficie cubierta con un poco de harina y amasarla hasta que no queden grumos. Estirar la masa hasta que tenga un grosor de 1 o 2 cm ($1/2$ - $3/4$ in). Cortar 12 círculos con un molde redondo de 5 cm (2 in).

5 Colocar los círculos bastante juntos en la bandeja. Untar las partes superiores con un poco más de leche usando un pincel o una brocha. Hornear durante 10 o 15 min o hasta que adquieran un color dorado. Servir con mantequilla, mermelada y nata montada.

merengues

35 UNIDADES

3 claras de huevo

115 g (4 oz / ½ taza) de azúcar fina

40 g (1½ oz / ⅓ de taza) de azúcar *glass*

½ cucharada de *crémor* tártaro

1 Precalentar el horno a 150° C (300° F / gas 2). Cubrir una bandeja de horno con papel para hornear.

2 Batir las claras de huevo hasta que quede una pasta compacta. Poco a poco ir mezclando el azúcar extrafino con la pasta hasta que quede consistente y brillante.

3 Añadir y mezclar el azúcar *glass* y el *crémor* tártaro. Servir con una cuchara o con una manga pastelera.

4 Reducir la intensidad del horno a 100° C (200° F / gas ½). Hornear durante 45 o 55 min o hasta que se sequen.

tarta de zanahoria y requesón

DE 12 A 14 PERSONAS

310 g (11 oz / 2½ tazas) de harina
con levadura

1 cucharadita de bicarbonato sódico

2 cucharaditas de canela en polvo

1 cucharadita de la mezcla de especias de
pastel de calabaza (mezcla de canela,
jengibre, nuez moscada, clavo, pimienta
inglesa y macis)

90 g (3¼ oz / ½ taza) de azúcar moreno

60 g (2¼ oz / ½ taza) de pasas sultanas

2 huevos poco batidos

2 cucharadas de aceite vegetal

4 cucharadas de leche

140 g (5 oz / ½ taza) de puré de manzana

300 g (10½ oz) de zanahorias,
ralladas poco finas

Crema de requesón

125 g (4½ oz / ½ taza) de requesón

30 g (1 oz / ¼ de taza) de azúcar *glass*

1 cucharadita de ralladura de
cáscara de lima

1 Precalentar el horno a 180° C (350° F / gas 4). Untar con un poco de mantequilla o aceite un molde rectangular para tartas de 10 x 18 cm (4 x 7 in) y cubrir la base con papel para hornear. Tamizar la harina con el bicarbonato sódico y la mezcla de especias en un cuenco grande. Remover y agregar el azúcar moreno y las pasas sultanas.

2 Mezclar los huevos, el aceite, la leche y el puré de manzana. Remover mientras mezclamos el huevo con la harina.

3 Añadir la zanahoria y mezclarlo todo bien. Verterlo en el molde y hornear durante 1 hora y 15 min o hasta que la tarta sobresalga por los bordes del molde. Dejar que repose 5 min y luego sacarla y ponerla en una rejilla.

4 Para preparar la crema, hay que batir el requesón con el azúcar *glass* y la ralladura de lima hasta que la pasta resultante no tenga grumos. Repartir esta crema sobre la tarta una vez que se haya enfriado.

pastelitos

UNAS 18 UNIDADES

250 g (9 oz / 2 tazas) de harina con levadura

165 g (5³/₄ oz / ³/₄ de taza) de azúcar

125 g (4¹/₂ oz) de mantequilla sin sal, suave

3 huevos

3 cucharadas de leche

¹/₂ cucharadita de extracto de vainilla

Crema para cubrir

90 g (3¹/₄ oz / ³/₄ de taza) de azúcar *glass*

1 cucharadita de chocolate en polvo sin azúcar

20 g (³/₄ oz) de mantequilla sin sal, suave

Bombones pequeños de chocolate para decorar

1. Precalentar el horno a 180° C (350° F / gas 4). Colocar moldes de papel dentro de los 18 moldes pequeños con forma de mini magdalenas.

2. Tamizar la harina con el azúcar en un bol hondo. Añadir la mantequilla, los huevos, la leche y la vainilla y batirlo todo hasta que quede una pasta sin grumos. Rellenar tres cuartas partes de los moldes de papel con la mezcla.

3. Hornear durante 15 min o hasta que los pastelitos adquieran un tono dorado. Dejarlos enfriar en una rejilla.

4. Para preparar la crema, hay que mezclar el azúcar *glass*, el chocolate y la mantequilla con un poco de agua caliente hasta que no queden grumos. Extender la crema sobre los pastelitos. Coronar cada pastelito con un pequeño bombón de chocolate.

pastelitos de mariposas de limón

18 UNIDADES

250 g (9 oz / 2 tazas) de harina con levadura

165 g (5³/₄ oz / ³/₄ de taza) de azúcar

125 g (4¹/₂ oz) de mantequilla sin sal, suave

3 huevos

3 cucharadas de leche

¹/₂ cucharadita de extracto de vainilla

2 cucharaditas de ralladura de cáscara de limón

170 g (6 oz / ²/₃ de taza) de crema de limón

125 ml (4 onzas líquidas / ¹/₂ taza) de nata

18 bolitas de plata de azúcar

1 Precalentar el horno a 180° C (350° F / gas 4). Colocar moldes de papel dentro de los 18 moldes pequeños con forma de mini magdalenas.

2 Tamizar la harina con el azúcar en un bol. Añadir la mantequilla, los huevos, la leche y la vainilla y batirlo todo hasta que quede una pasta sin grumos. Agregarle la ralladura de limón. Rellenar tres cuartas partes de los moldes de papel con la mezcla. Hornear durante 15 min o hasta que los pastelitos adquieran un tono dorado.

3 Cortar un círculo en la parte superior de cada pastelito. Cortar los círculos por la mitad. Poner ¹/₂ cucharadita de crema de limón dentro de cada pastelito.

4 Batir la nata hasta que forme picos. Poner 1 cucharada de nata sobre cada pastelito. Presionar las dos mitades del círculo, cortadas anteriormente, sobre cada pastelito, haciendo la forma de dos "alitas". Decorar con bolitas de plata de azúcar.

mini pastelitos de manzana y naranja

24 UNIDADES

90 g (3¼ oz) de mantequilla sin sal

125 g (4½ oz / ⅔ de taza) de azúcar moreno suave

1 cucharada de miel

1 huevo

270 g (9½ oz / 1 taza) de puré de manzana

125 g (4½ oz / 1 taza) de harina (trigo integral) con levadura

60 g (2¼ oz / ½ taza) de harina con levadura

1 cucharadita de canela en polvo

1 pellizco de clavo en polvo

Glaseado de naranja

125 g (4½ oz / 1 taza) de azúcar *glass*

10 g (¼ oz) de mantequilla sin sal

1 cucharadita de ralladura de cáscara de naranja

2 cucharadas de zumo de naranja

1   Precalentar el horno a 180º C (350º F / gas 4). Untar con mantequilla o aceite los 24 moldes pequeños con forma de mini magdalenas. Batir la mantequilla con el azúcar y la miel hasta que quede una pasta ligera y cremosa, luego agregarle el huevo y el puré de manzana y batirlo todo bien.

2   Tamizar las harinas y especias y mezclarlo bien. Con una cuchara verter la mezcla en los moldes y ponerlos en el horno durante 20 min. Dejar que se enfríen.

3   Para preparar el glaseado de naranja hay que mezclar el azúcar *glass*, la mantequilla, la ralladura de naranja y el zumo de naranja en un cuenco resistente al calor. Colocar el cuenco dentro de un cazo con agua a fuego lento y remover hasta que quede una crema sin grumos. Dejar que se enfríe un poco y luego extenderla sobre los mini pastelitos.

para preparar
una fiesta

sándwiches cebra

6 UNIDADES

8 rebanadas de pan blanco

20 g (³/₄ oz) de mantequilla

2 cucharadas de crema *Vegemite* (pasta salada de extracto de levadura, popular en Australia), o crema *Marmite* (pasta de extracto de levadura, popular en el Reino Unido) o 4 cucharadas de crema de avellanas para untar

1 Untar tres rebanadas de pan con mantequilla y crema *Vegemite*, o *Marmite* o crema de avellanas. Untar sólo la parte superior. Colocar otra rebanada de pan encima. Presionar un poco hacia abajo. Hacer lo mismo con las otras cuatro rebanadas de pan.

2 Retirar las cortezas con un cuchillo afilado y cortar el pan en tres tiras rectangulares.

sándwiches de plátano y dátiles

18 UNIDADES

20 g (³/₄ oz) de mantequilla

12 rebanadas de pan blanco

3 plátanos, hechos puré

6 dátiles frescos, cortados en trozos

1 Untar con mantequilla el pan, luego untar seis rebanadas de pan con el puré de plátano y poner encima los dátiles. Colocar las otras seis rebanadas de pan encima para hacer los sándwiches.

2 Quitar las cortezas con un cuchillo afilado y cortar el pan en tres tiras rectangulares.

mini hamburguesas

10 UNIDADES PEQUEÑAS O 20 MINI

500 g (1 lb 2 oz) de carne picada de vacuno

1 cebolla pequeña, picada muy fina

1 cucharada de perejil, picado muy fino

1 huevo poco batido

1 cucharada de salsa de tomate (*kétchup*)

2 cucharadas de aceite

½ lechuga, cortada en trozos pequeños

2 tomates pequeños, cortados en finas rodajas

10 panecillos pequeños o 20 panecillos mini cortados por la mitad

80 g (2¾ oz) de queso *cheddar*, cortado en finas lonchas

5 anillos de piña de lata, sin el almíbar y cortados en cuatro trozos

Salsa de tomate (*kétchup*) o salsa barbacoa para servir

1 Mezclar la carne picada, la cebolla, el perejil, el huevo batido y la salsa de tomate en un cuenco grande. Utilizar las manos para mezclarlo todo bien.

2 Dividir la mezcla en 10 porciones o en 20 porciones más pequeñas. Darles forma redonda.

3 Calentar el aceite en una sartén grande, de fondo pesado, a fuego medio. Cocinar las hamburguesas durante 5 min por cada lado o hasta que se doren y se cocinen del todo. Retirarlas de la sartén y eliminar el exceso de aceite con papel de cocina.

4 Para preparar las hamburguesas hay que poner lechuga y tomate en la base de cada panecillo. Colocar encima la carne, la loncha de queso y el trozo de piña. Añadir la salsa y cubrirla con la parte superior del panecillo. Servir de inmediato.

cuñas de batata al horno

4 PERSONAS

1,3 kg (3 lb) de batata

2 cucharadas de aceite de oliva

1 Precalentar el horno a 200° C (400° F / gas 6). Pelar y cortar las batatas en forma de cuñas.

2 Colocar las cuñas de batata en un molde grande para horno y añadir el aceite de oliva. Hornear durante unos 30 min o hasta que queden doradas y crujientes. Servir calientes.

nuggets de pollo al horno

4 PERSONAS

40 g (1¹/₂ oz / 1¹/₃ tazas) de copos de maíz

400 g (14 oz) de pechuga de pollo deshuesada y sin piel

Harina para espolvorear

1 clara de huevo poco batida

1 Precalentar el horno a 200° C (400° F / gas 6). Poner los copos de maíz en el robot de cocina para rallarlos.

2 Cortar las pechugas en trozos pequeños (bocaditos de pollo). Pasar los trozos por harina, luego por la clara de huevo. Finalmente rebozar cada trozo en las migas ralladas de los copos de maíz hasta que queden cubiertos.

3 Untar con un poco de aceite una bandeja de horno y colocar los *nuggets* encima. Hornear durante 10 min o hasta que se doren y queden bien cocinados.

bombones de salchichas frankfurt

12 UNIDADES

12 salchichas Frankfurt para coctel, de buena calidad

3 láminas de pasta congelada de hojaldre, descongeladas

1 huevo poco batido

Cuerda de algodón o yute

1 Precalentar el horno a 180° C (350° F / gas 4). Cubrir dos bandejas de horno con papel para hornear.

2 Pinchar las salchichas con un tenedor. Cortar cada lámina de hojaldre en cuatro cuadrados. Untar con una brocha o un pincel cada cuadrado con huevo batido.

3 Colocar una salchicha en cada cuadrado de hojaldre y luego enrollarlo. Presionar con cuidado los bordes para que queden juntos.

4 Apretar suavemente los extremos del hojaldre. Luego atar los extremos sin demasiada fuerza con trozos de cuerda.

5 Colocar los hojaldres en las bandejas. Untarlos con un poco de huevo batido. Hornear durante 15 min o hasta que adquieran un tono dorado. Hay que recordar a los invitados que la cuerda no se come.

animales crujientes

20 UNIDADES

1 lámina de pasta congelada de hojaldre, descongelada

1 huevo poco batido

30 g (1 oz / ¼ de taza) de queso *cheddar* rallado

1 Precalentar el horno a 180° C (350° F / gas 4). Cubrir una bandeja de horno con papel para hornear.

2 Cortar la lámina de hojaldre en forma de animales, utilizando diversos moldes de galleta. Luego colocar los hojaldres en la bandeja.

3 Untar el hojaldre con una brocha o un pincel con el huevo. Espolvorear el queso por encima. Hornear durante 10 o 15 min o hasta que adquieran un tono dorado y queden crujientes.

bolas de palomitas con caramelo

50 UNIDADES

2 cucharadas de aceite

½ taza de maíz para hacer palomitas

170 g (6 oz / ¾ de taza) de azúcar extrafino

80 g (2¾ oz) de mantequilla sin sal

2 cucharadas de miel

2 cucharadas de nata

1 Precalentar el aceite en una sartén grande a fuego medio. Añadir el maíz y cubrir la sartén con una tapa. Cocinar durante 5 min o hasta que dejen de sonar las palomitas. Se recomienda mover la sartén cada cierto tiempo. Servir las palomitas en un cuenco grande.

2 Poner el azúcar, la mantequilla, la miel y la nata en un cazo pequeño. Remover a fuego medio, sin dejar que hierva, hasta que el azúcar se haya disuelto por completo. Dejar que hierva, sin remover, durante 5 min.

3 Verter el caramelo sobre las palomitas y mezclarlo todo. Dejarlo enfriar un poco, y luego frotarse las manos con aceite para dar forma de bolas a las palomitas. Dejar que se enfríen en la rejilla.

mini pastelitos cubiertos de chocolate

24 UNIDADES

75 g (2¹/₂ oz) de mantequilla sin sal

125 g (4¹/₂ oz / 1 taza) de harina

4 huevos

125 g (4¹/₂ oz) de chocolate negro, derretido

Nata montada para servir

1 Precalentar el horno a 200° C (400° F / gas 6). Cubrir una bandeja de horno con papel para hornear. Poner la mantequilla en un cazo y añadir 250 ml (9 onzas líquidas / 1 taza) de agua. Dejar que hierva. Tamizar toda la harina. Cocinar, removiendo hasta que la mezcla forme una bola. Dejar que se enfríe durante 5 min.

2 Añadir los huevos, uno de cada vez, batiéndolos bien hasta que quede una pasta espesa y brillante. Esto se vierte con una cuchara en una manga pastelera y se ponen pequeñas cantidades en la bandeja del horno. Hay que salpicar un poco de agua por encima.

3 Hornear durante 10 o 15 min. Reducir el horno a 180° C (350° F / gas 4) y hornear durante otros 10 o 15 min más o hasta que queden dorados y tengan consistencia.

4 Agujerear el lateral de cada mini pastelito con un pequeño palo de brocheta para permitir que salga el vapor. Apagar el horno y dejar los mini pastelitos dentro durante otros 5 min para que se sequen. Luego dejarlos enfriar fuera del horno.

5 Cortar los mini pastelitos por la mitad y retirar la masa que no se ha cocinado. Untar la parte superior con chocolate y dejarla reposar. Por último, rellenarlos con nata y taparlos.

tartaletas de pacana

8 UNIDADES

8 tartaletas de pasta quebradiza congelada

30 g (1 oz / ¼ de taza) de harina con levadura

½ cucharadita de la mezcla de especias de pastel de calabaza (mezcla de canela, jengibre, nuez moscada, clavo, pimienta inglesa y macis)

85 g (3 oz / ⅔ de taza) de pacanas picadas

1 huevo poco batido

1 cucharada de leche

2 cucharadas de sirope de caramelo o miel

½ cucharadita de extracto de vainilla

1 Precalentar el horno a 190° C (375° F / gas 5). Colocar las tartaletas en una bandeja del horno.

2 Tamizar la harina y la mezcla de especias en un cuenco. Remover mientras se añaden las nueces. Hacer un agujero en el centro.

3 Añadir el huevo, la leche, el sirope de caramelo y el extracto de vainilla. Batir todo con un tenedor hasta que no queden grumos.

4 Con una cuchara verter el relleno dentro de cada tartaleta. Hornear en la parte superior del horno durante 15 min. Dejar que se enfríen fuera del horno.

gelatinas playeras

12 UNIDADES

2 paquetes de 85 g (3 oz) de gelatina verde

2 cucharadas de migas de galleta

12 ositos de goma

12 caramelos con forma de salvavidas

12 sombrillitas de papel

1 Mezclar la gelatina con 500 ml (17 onzas líquidas / 2 tazas) de agua hirviendo en un cuenco. Remover hasta que la gelatina se haya disuelto. Dejarlo a un lado para que se enfríe. Verter la gelatina en pequeños cuencos o vasitos, y dejarlos en la nevera durante toda la noche.

2 Espolvorear las migas de galleta sobre la mitad de cada cuenco de gelatina. Colocar un osito de goma y un caramelo redondo encima de las migas. Pinchar la sombrilla de papel en el centro del caramelo.

dedos sangrientos

20 UNIDADES

2 claras de huevo

110 g (3³/₄ oz / ¹/₂ taza) de azúcar

90 g (3¹/₄ oz / 1 taza) de coco rallado y seco

160 g (5³/₄ oz / ¹/₂ taza) de mermelada de frambuesa o fresa

10 gominolas de colores

1   Precalentar el horno a 150º C (300º F / gas 2). Cubrir una bandeja de horno con papel para hornear.

2   Batir las claras de huevo hasta que se formen picos. Batir el azúcar, ir añadiendo una cucharada cada vez, y seguir batiendo hasta que la mezcla quede espesa y brillante. No dejar de remover mientras se va añadiendo el coco.

3   Rellenar una manga pastelera con una boquilla de 2 cm (³/₄ in) con la mezcla de merengue. Con la manga hacemos montañas de 20 x 8 cm (³/₄ in) de la mezcla en la bandeja.

4   Hornear durante 5 min. Reducir la intensidad del horno a 120º C (235º F / gas ¹/₂) y hornear durante otros 45 o 50 min o hasta que los merengues queden ligeros y crujientes. Apagar el horno y dejar que los merengues se enfríen.

5   Calentar la mermelada en un cazo a fuego lento hasta que quede líquida y poco espesa. Verterla en un cuenco. Cortar un extremo de cada gominola y tirarlo. Cortar por la mitad y a lo largo el resto de la gominola. Colocar una gominola al final de cada merengue. Salpicamos el merengue con un poco de mermelada caliente para que parezca sangre.

baño de sangre

12 UNIDADES

300 g (10 ¹/₂ oz) de frambuesas congeladas

3 láminas de pasta congelada de hojaldre, descongeladas

30 g (1 oz / ¹/₄ de taza) de azúcar *glass* tamizado

1   Colocar las frambuesas en un cuenco. Dejarlas ahí durante 10 o 15 min o hasta que se vayan descongelando poco a poco. Luego dejarlas en la nevera.

2   Precalentar el horno a 180º C (350º F / gas 4). Untar con un pincel o una brocha 12 moldes de magdalenas con mantequilla derretida o aceite. Cortar el hojaldre en cuatro cuadrados del mismo tamaño y cubrir cada molde de magdalenas con el hojaldre.

3   Hornear durante 15 min o hasta que se doren. Dejarlos en la rejilla para que se enfríen y para que la pasta del hojaldre adquiera la forma. Con la parte posterior de una cuchara empujar, con cuidado, el centro del hojaldre para darle forma de taza.

4   Mezclar las frambuesas medio descongeladas y el azúcar *glass* en el robot de cocina hasta que la mezcla quede sin grumos. Verter la mezcla con frambuesas en el centro de los hojaldres.

kebabs de fruta congelados

4 UNIDADES

140 g (5 oz) de piña fresca

1/2 mango

80 g (2 3/4 oz) de sandía fresca sin pepitas

100 g (3 1/2 oz) de melón amarillo o de color naranja

1 Pelar toda la fruta y cortarla en cubitos o haciendo formas.

2 Necesitaremos cuatro palitos de helado de madera. Introducimos los palitos en los trozos de fruta y los dejamos congelar durante 4 horas o hasta que se congelen.

3 Sacar los trozos de fruta del congelador 10 min antes de comerlos para que no estén tan duros.

bocaditos de plátano

UNAS 10 UNIDADES

125 g (4 1/2 oz) de chocolate con leche, troceado

1 cucharadita de aceite

2 plátanos, pelados y cortados en rodajas de 3 cm (1 1/4 in)

95 g (3 1/4 oz / 1/2 taza) de virutas de chocolate

1 Derretir el chocolate en un cuenco con agua caliente. Apagar el fuego. Añadir el aceite y remover hasta que no queden grumos.

2 Espolvorear las virutas de chocolate encima del papel para hornear. Con un palo de brocheta, hundir los trozos de plátano en el chocolate y luego rebozarlo en las virutas. Colocarlo en el papel para hornear y dejarlo ahí un tiempo para que se sequen. Servir como brochetas.

bocaditos de plátano con chocolate negro

9 UNIDADES

3 plátanos grandes, pelados y cortados en tres trozos

125 g (4 1/2 oz) de chocolate negro troceado

1 Cubrir una gran bandeja para el horno con papel de aluminio. Necesitaremos nueve palitos de helado de madera. Introducir un palo de helado en cada trozo de plátano. Dejar los trozos sobre la bandeja y meterla en el congelador hasta que se queden duros.

2 Derretir el chocolate en un cuenco con agua caliente. Sumergir los trozos de plátano en el chocolate. Dejar en la nevera hasta que el chocolate se endurezca, y luego envolverlos con papel de plástico y dejarlos en la nevera durante 2 horas más. Servir congelados.

yogur de frutas helado

6 UNIDADES

2 botes de 200 g (7 oz) de yogur de sabor vainilla

170 g (6 oz) de pulpa de fruta de la pasión en lata con almíbar

4 fresas grandes, cortadas en trozos pequeños

1 cucharada de azúcar *glass*

1 Poner el yogur, la fruta de la pasión y las fresas en un cuenco.

2 Añadir el azúcar *glass* y mezclarlo bien.

3 Verterlo con una cuchara en seis vasos y congelarlos durante 1 hora. Servir helado.

galletas que chapotean y crujen

20 UNIDADES

185 g (6½ oz) de galletas de chocolate

110 g (3¾ oz / ½ taza) de azúcar

2 cucharaditas de gelatina en polvo

1 cucharadita de extracto de vainilla

2 o 3 gotas de colorante rosa para alimentos

Bolitas de azúcar de colores para decorar

1 Cubrir dos bandejas de horno con papel de aluminio. Colocar las galletas en las bandejas.

2 Mezclar el azúcar, la gelatina y 125 ml (4 onzas líquidas / ½ taza) de agua en un cazo. Remover a fuego medio hasta que el azúcar se disuelva y la mezcla empiece a hervir. Dejar que se cocine a fuego lento sin remover durante 4 min. Retirar del fuego y dejar que se enfríe.

3 Utilizar una batidora eléctrica para batir el sirope durante 5 o 6 min o hasta que la mezcla quede espesa y brillante.

4 Añadir el extracto de vainilla y el colorante y batir todo muy bien. Untar un poco de la pasta cubriendo cada galleta. Dejar la superficie lisa, sin grumos y espolvorear las bolitas de colores.

pastelitos de barro

8 UNIDADES

150 g (5½ oz) de chocolate negro, troceado

4 huevos, yemas y claras separadas

2 cucharadas de azúcar extrafino

1 cucharadita de ralladura de naranja

4 cucharadas de nata

1 cucharadita de gelatina en polvo

1 cucharada de zumo de naranja

Virutas de colores para decorar

1 Colocar el chocolate en un cuenco pequeño resistente al calor y dejarlo dentro de un cazo con agua hirviendo. Remover hasta que el chocolate se haya derretido y la mezcla quede uniforme. Dejar que se enfríe un poco.

2 Utilizar la batidora eléctrica para batir las yemas, el azúcar y la ralladura de naranja en un cuenco grande durante 5 min o hasta que la mezcla quede espesa y cremosa. Batir con la nata y el chocolate derretido.

3 Mezclar la gelatina con el zumo en un cuenco. Meter el cuenco dentro de un cazo con agua caliente y remover hasta que la gelatina se disuelva. Añadir la mezcla con el chocolate y batir hasta que todo quede bien mezclado.

4 Poner las claras de huevo en un cuenco limpio y seco. Con la batidora eléctrica batirlas hasta formar picos consistentes. Añadir la mezcla de chocolate. Mezclarlo todo bien. Dejar en la nevera durante 2 horas o hasta que cuaje. Decorar con las virutas de colores.

bocaditos crujientes de chocolate

24 UNIDADES

90 g (3¹/₄ oz / 3 tazas) de cereales de arroz tostado e inflado

30 g (1 oz / ¹/₄ de taza) de chocolate en polvo sin azúcar

150 g (5¹/₂ oz / 1¹/₄ de taza) de azúcar *glass*

60 g (2¹/₄ oz / ¹/₂ taza) de sultanas (pasas)

60 g (2¹/₄ oz / ²/₃ de taza) de coco rallado y seco

200 g (7 oz) de manteca vegetal derretida

50 g (1³/₄ oz / ¹/₃ de taza) de trocitos de chocolate negro

Virutas de colores para decorar

1 Cubrir 24 moldes para mini magdalenas con papel de aluminio o con dos moldes de papel. Mezclar los cereales de arroz tostado, el chocolate en polvo y el azúcar en un cuenco grande. Mezclarlo todo muy bien y luego remover mientras se añaden las sultanas y el coco rallado. Remover al añadir la manteca derretida.

2 Con una cuchara verter la masa en los moldes. Espolvorear por encima los trocitos de chocolate y las virutas. Dejar en la nevera hasta que estén listos.

arañas de chocolate y cereza

20 UNIDADES

100 g (3½ oz) de cerezas escarchadas, picadas en trozos finos

30 g (1 oz / ⅓ de taza) de copos de almendras tostadas

100 g (3½ oz) de fideos de huevo frito tipo *noodle*

200 g (7 oz) de chocolate negro, troceado

30 g (1 oz) de mantequilla sin sal

1 Poner las cerezas en un cuenco con los copos de almendra y los fideos.

2 Derretir el chocolate y la mantequilla en un cuenco pequeño resistente al calor, colocándolo dentro de un cazo con agua caliente. Remover hasta que no queden grumos.

3 Añadir el chocolate a la mezcla de las cerezas y remover un poco para mezclarlo todo.

4 Con una cuchara hacer montañitas con la mezcla en una hoja de papel para hornear. Dejar que el chocolate se enfríe.

varitas mágicas de hadas

10 UNIDADES

125 g (4½ oz) de mantequilla sin sal, un poco derretida

115 g (4 oz / ½ taza) de azúcar extrafino

1 huevo

250 g (9 oz / 2 tazas) de harina

200 g (7 oz) de bombones pequeños de chocolate negro, derretidos

10 palitos de madera de helados

Pequeñas bolitas de azúcar plateadas para decorar

1 Batir la mantequilla, el azúcar y el huevo en la batidora eléctrica hasta que quede cremoso. Añadir la harina. Con las manos, presionar la mezcla hasta que quede suave. Colocarla sobre una superficie de trabajo espolvoreada con un poco de harina y amasarla durante 2 min o hasta que no queden grumos. Cubrir con papel de plástico y dejarla en la nevera unos 30 min.

2 Precalentar el horno a 180° C (350° F / gas 4). Untar con una brocha o un pincel una bandeja grande para horno con mantequilla derretida o aceite. Extender la masa entre hojas de papel para hornear hasta que la masa tenga un grosor de 5 mm (½ in). Cortar la masa con un molde en forma de estrella hasta obtener 20 estrellas, y colocarlas en la bandeja. Hornearlas durante 15 min o hasta que adquieran un tono dorado. Dejarlas enfriar en la bandeja.

3 Colocar media cucharadita de chocolate derretido en la parte plana en el centro de las galletas. Extenderlo hasta que cubra toda esa parte de la galleta.

4 Poner el palito de helado y hacer un sándwich con las galletas restantes, colocándolas encima del chocolate y presionándolas para unirlas. Dejar que el chocolate se endurezca.

5 Salpicar el resto del chocolate por encima de las estrellas. Decorarlas con bolitas de azúcar plateadas y esperar a que el chocolate se enfríe.

galletas de caras de piratas

30 UNIDADES

250 g (9 oz / 2 tazas) de azúcar *glass*

1 o 2 cucharadas de agua

2 o 3 gotas de colorante rojo para alimentos

30 galletas redondas grandes

4 tiras de regaliz negro

10 gominolas azules, cortadas en 3 trozos

10 gominolas rojas, cortadas en 3 trozos

15 gominolas negras, cortadas por la mitad

1 Mezclar el azúcar *glass* y el agua en un cuenco pequeño. Colocar el cuenco en un cazo con agua a fuego lento y remover la mezcla hasta que no queden grumos. Sacar una cucharada y teñirla con el colorante rojo y dejarla aparte. Untar las galletas uniformemente con el glaseado blanco.

2 Hacer las caras de los piratas mientras el glaseado aún no esté seco. Cortar las tiras de regaliz negro en semicírculo para que sea el pañuelo de la cabeza. Cortar tiras finas de regaliz para que sean los bigotes y lo que sobre se puede utilizar para el parche del ojo. Utilizar las gominolas de colores para crear los ojos, la boca y el parche. Los puntos del pañuelo se pueden hacer usando gotitas del glaseado rojo. Guardar las galletas en la nevera hasta que se vayan a consumir.

galletas de marcianos

10 UNIDADES

125 g (4½ oz) de mantequilla sin sal, un poco derretida

115 g (4 oz / ½ taza) de azúcar extrafino

1 huevo

250 g (9 oz / 2 tazas) de harina

125 g (4½ oz / 1 taza) de azúcar *glass*

3 cucharadas de agua caliente

4 gotas de colorante verde para alimentos

5 regalices de todo tipo, cortados en rodajas muy finas

20 gominolas, cortadas por la mitad

5 caramelos de goma, cortados en 4 trozos

1 Para preparar las galletas hay que batir la mantequilla, el azúcar y el huevo con una batidora eléctrica hasta que quede una mezcla cremosa. Añadir la harina.

2 Con las manos presionar la mezcla hasta obtener una masa suave. Colocarla sobre una superficie de trabajo espolvoreada con un poco de harina y amasarla durante 2 min o hasta que no queden grumos. Cubrir la masa con papel de plástico y meterla en la nevera durante 1 hora.

3 Precalentar el horno a 180° C (350° F / gas 4). Untar con una brocha o un pincel una bandeja grande para horno con mantequilla derretida o aceite. Extender la masa entre hojas de papel para hornear hasta que la masa tenga un grosor de 5 mm (1/4 in). Cortar la masa con un molde en forma de hombrecitos, colocarlos en la bandeja y hornearlos durante 15 min o hasta que adquieran un tono dorado. Dejarlos enfriar en la bandeja.

4 Tamizar el azúcar *glass* en un cuenco. Añadir agua y colorante y remover bien. Sumergir solo la cara delantera de cada galleta en el glaseado. Mientras el glaseado aún no esté seco, decorar las galletas, como en la fotografía, con las gominolas y los caramelos.

pasteles de ositos de peluche

12 UNIDADES

340 g (12 oz) de mezcla de pastel con mantequilla

100 g (3¹/₂ oz) de trocitos de chocolate negro

310 g (11 oz / 1 taza) de crema de chocolate con avellanas para untar

250 g (9 oz) de galletitas de ositos (con sabor a miel)

2 cucharadas de virutas de colores

1 Precalentar el horno a 180° C (350° F / gas 4). Untar con un poco de aceite 12 moldes para magdalenas.

2 Preparar la mezcla para pastel con mantequilla siguiendo las instrucciones del paquete. Mezclarlo todo con los trozos de chocolate.

3 Llenar los moldes con la mezcla. Hornear durante 15 min o hasta que adquieran un tono dorado. Dejar reposar en los moldes durante 5 min. Retirar los pasteles y dejar que se enfríen.

4 Untar la crema de chocolate con avellanas sobre cada pastel. Colocar cinco galletas en forma de osito alrededor de cada pastel. Decorar con las virutas de chocolate.

trufas de chocolate

24 UNIDADES

50 g (1¾ oz) de mantequilla sin sal

4 cucharadas de nata

250 g (9 oz) de chocolate negro, troceado

100 g (3½ oz) de chocolate negro, de chocolate con leche o de chocolate blanco, rallado

1 Mezclar la mantequilla y la nata en un cazo pequeño. Remover a fuego lento hasta que la mantequilla se haya derretido. Dejar que hierva y entonces retirarlo del fuego.

2 Colocar el chocolate en un cuenco resistente al calor y verter la mezcla caliente de nata y mantequilla. Tapar el cuenco durante 1 min y luego remover hasta que el chocolate se haya derretido y la mezcla quede uniforme y sin grumos. Dejar que se enfríe en la nevera.

3 Con una cucharita vamos sacando la mezcla y dándole forma de bolita. Rebozar las bolitas en chocolate rallado. Colocar las trufas en una bandeja, cubierta con papel de aluminio, y dejarla en la nevera hasta que las bolitas de chocolate se endurezcan.

zumo de cáctus

8 PERSONAS

1/2 pepino pequeño, cortado en rodajas

1 litro (35 onzas líquidas / 4 tazas) de zumo de manzana

1 cucharada de miel

500 ml (17 onzas líquidas / 2 tazas) de limonada helada

500 ml (17 onzas líquidas / 2 tazas) de agua de soda

1. Colocar el pepino en un cuenco grande con el zumo de manzana y la miel. Remover la mezcla. Taparlo y meterlo en la nevera durante al menos 1 hora.

2. Servir en ocho vasos y añadir la limonada y el agua de soda. Ponerle cubitos de hielo.

cráteres en erupción

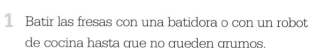

8 PERSONAS

250 g (9 oz) de fresas

8 bolas de helado de vainilla

Limonada para servir

1. Batir las fresas con una batidora o con un robot de cocina hasta que no queden grumos.

2. Repartir el puré de fresa en ocho vasos altos.

3. Colocar una bola de helado de vainilla en cada vaso y echar por encima la limonada, sin que llegue a rebosar. Servir de inmediato.

zumo selvático

8 PERSONAS

850 ml (29 onzas líquidas) de zumo de piña sin azúcar

750 ml (26 onzas líquidas / 3 tazas) de zumo de manzana

450 g (1 lb) de piña en lata sin azúcar, triturada

750 ml (26 onzas líquidas / 3 tazas) de limonada helada y *ginger ale* seco

Cerezas escarchadas para adornar

1. Mezclar el zumo de piña, el zumo de manzana y la piña triturada en un cuenco grande. Remover para mezclarlo todo. Taparlo y meterlo en la nevera durante al menos 1 hora.

2. Repartir en ocho vasos y añadir la limonada o el *ginger ale* seco. Adornarlo con cerezas.

ponche de frutas

10 PERSONAS

125 ml (4 onzas líquidas / 1/2 taza) de zumo de naranja

425 g (15 oz) de macedonia de frutas de lata

Zumo de 1 naranja

Zumo de 1 limón

750 ml (26 onzas líquidas / 3 tazas) de limonada helada

Fruta fresca como: frambuesas, arándanos, manzana, naranja y melón naranja o amarillo para decorar

1. Mezclar el zumo de naranja, la ensalada de frutas y los zumos frescos de naranja y limón en un cuenco.

2. Remover un poco para mezclar. Taparlo y meterlo en la nevera durante al menos 1 hora.

3. Justo antes de servir, añadirle la limonada. Adornarlo con fruta fresca.

crema de piña

2 PERSONAS

450 g (1 lb) de piña en lata sin azúcar, triturada

250 ml (9 onzas líquidas / 1 taza) de zumo de piña

200 ml (7 onzas líquidas) de leche de coco

Rodajas de piña para adornar

1 Mezclar la piña triturada y el zumo de piña en un cuenco grande.

2 Añadir poco a poco la leche de coco, sin dejar de remover, mientras se mezcla todo bien.

3 Para servir, hay que repartir la mezcla en vasos altos, añadiendo muchos cubitos de hielo. Adornar con rodajas de piña. Servir de inmediato.

poción envenenada

1 PERSONA

1 cucharada de licor de lima

1 cucharada de licor de frambuesa

Limonada, para servir

1 bola de helado de chocolate

1 Servir los licores de lima y frambuesa en un vaso grande. Verter encima la limonada.

2 Colocar la bola de helado de chocolate encima.

3 Dejar que repose 1 min antes de servirlo.

sueño de chocolate y menta

2 UNIDADES

4 bolas de helado de menta con chocolate

375 ml (13 onzas líquidas / 1½ taza) de leche

Virutas de chocolate para servir

1 Poner en la batidora 2 bolas de helado y la leche y batirlo hasta que no queden grumos.

2 Servir en dos vasos altos. Colocar una bola de helado encima de cada vaso y espolvorear virutas de chocolate por encima. Servir inmediatamente.

piña colada

2 UNIDADES

375 ml (13 onzas líquidas / 1 taza y media) de zumo de piña

1 plátano

125 ml (4 onzas líquidas / ½ taza) de leche de coco de lata

70 g (2½ oz / ½ taza) de cubitos de hielo (opcional)

1 Poner en una batidora todos los ingredientes y batirlos hasta que no queden grumos.

2 Repartirlo en dos vasos altos.

índice

EDIMAT LIBROS, S.A.
Calle Primavera, 35
Polígono Industrial El Malvar
28500 Arganda del Rey
www.edimat.es
MADRID-ESPAÑA

Título original: *Ready, Steady, Spaghetti. Cooking for Kids and with Kids*

ISBN: 978-84-9794-083-2

Traducción de Aida González Del Álamo para Seven Servicios Integrales

Director de diseño: Vivien Valk

Concepto del diseño, dirección artística y diseño: Alex Frampton

Director del proyecto: Jane Price

Editora: Gordana Trifunovic

Producción: Maiya Levitch

Fotografía: Michele Aboud

Estilismo: Sarah DeNardi

Preparación de los alimentos: Julie Ray y Simon Ruffell

Agradecimientos:

El editor y la estilista quieren dar las gracias a Typhoon, Rhubarb, French Bull by Jackie Shapiro, The Source, Villeroy & Boch, Vajillas Marie Claire París, Specklefarm Ribbons, Maxwell & Williams, Design Mode International y Spotlight por prestar el equipo para su utilización y para las fotografías. Gracias a todos los modelos: Felix, Ava, Ruby, Mia, Luca, Elena, Josie, Joe e Inez.

IMPORTANTE: Las personas que corren un mayor riesgo en el caso de contraer salmonelosis (personas mayores, mujeres embarazadas, niños pequeños y aquellas personas que padecen enfermedades inmunodeficientes) deben consultar previamente con su médico sobre cualquier duda antes de ingerir huevos crudos.

GUÍA DE CONVERSIÓN: Es posible que el tiempo de preparación varíe dependiendo del horno que esté utilizando. En los hornos de convección, como norma general, hay que fijar la temperatura del horno a 20º C (35º F) menos de lo que se indica en la receta. Cuando el libro habla de una cucharada la medida que se ha utilizado es la de una cuchara sopera de 20 ml (4 cucharaditas de café o postre). Si está utilizando una cuchara de 15 ml (3 cucharaditas), en la mayoría de las recetas la diferencia no va a ser importante. Sin embargo, en aquellas recetas que lleven levadura en polvo, gelatina, bicarbonato de soda, pequeñas cantidades de harina de trigo y harina de maíz (maicena), debe añadir una cucharadita adicional a cada una de las cucharadas que especifica la receta.